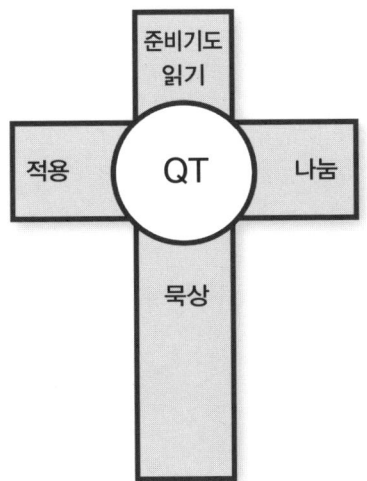

말씀과 함께 하나님과 함께 - 워크북

지은이 | 유진소
초판 발행 | 2012년 6월 11일
11쇄 발행 | 2024년 12월 3일

등록번호 | 제1988-000080호
등록된 곳 | 서울특별시 용산구 서빙고로 65길 38
발행처 | 사단법인 두란노서원
영업부 | 2078-3333   FAX 080-749-3705
출판부 | 2078-3331

▌책 값은 뒤 표지에 있습니다.
ISBN 978-89-531-1767-9 03230

▌독자의 의견을 기다립니다.
tpress@duranno.com   http://www.duranno.com

▌이 책의 성경 본문은 개역개정판을 사용하였습니다.
▌CGNTV에서 유진소 목사의 '말씀과 함께 하나님과 함께' 강의를 시청하실 수 있습니다. (http://www.cgntv.net)

두란노서원은 바울 사도가 3차 전도여행 때 에베소에서 성령 받은 제자들을 따로 세워 하나님의 말씀으로 양육하던 장소입니다. 사도행전 19장 8-20절의 정신에 따라 첫째 목회자를 돕는 사역과 평신도를 훈련시키는 사역, 둘째 세계선교(TIM)와 문서선교(단행본·잡지) 사역, 셋째 예수문화 및 경배와 찬양 사역, 그리고 가정·상담 사역 등을 감당하고 있습니다. 1980년 12월 22일에 창립된 두란노서원은 주님 오실 때까지 이 사역들을 계속할 것입니다.

quiet time for beautiful life

차 례

1. 경건 훈련이란? 5

2. 경건의 시간이란? 17

3. 준비 기도와 읽기 33

4. 묵상 51

5. 적용 67

6. 나눔 79

7. QT 실습 87

부록 103

  - QT 훈련 모델

  - 습관적인 QT에 빠졌을 때

▎「말씀과 함께 하나님과 함께」에서 참고할 수 있는 페이지를 적어 놓았습니다.
　*p.30은 위 책의 30쪽을 참고하라는 표시입니다.

quiet time for beautiful life

1
경건 훈련이란?

가장 기본적이고, 효과적이고, 강력한 경건 훈련 중 하나가 바로
'경건의 시간(Quiet Time)'을 갖는 것입니다.

• 세상에는 참 여러 모습의 사람들이 있습니다. 이때 그 여러 모습이라는 것이 외모만을 말하는 것은 아닙니다. 오히려 어떤 경우에는 내면이 그 사람을 더욱 잘 나타내는 특징이 될 때도 있습니다. 그런데 크게 변하지 않는 외면과는 달리, 내면은 어느 방향인가로 흐르는 액체 같습니다. 그리고 그 흐르는 방향은 언제나 동일하지 않은, 그런 유동적인 실체입니다. 그래서 어떤 사람에 대해서 "그는 나쁜 사람이다."라고 단정할 수 없고, 반대로 또 어떤 사람에 대해서 "이 사람은 늘 믿음직하다."라고 전적으로 기대했다가는 좌절을 맛보게 될 수도 있습니다.

우리의 마음은 밀물과 썰물처럼 들락날락하고 있습니다. 이렇게 마음이 흐르는 방향을 '마음의 경향(Inclination)'이라고 할 수 있습니다. 이때 하나님을 향한 마음의 경향을 '경건(Godliness)'이라고 하고, 이 경향을 강화하기 위한 훈련을 '경건 훈련'이라고 합니다.

연애 소설이나 무협 영화, 폭력적인 내용의 영화나 DVD 등을 본 적이 있을 것입니다. 그것을 본 후에 마음이 어땠는지 생각해 보십시오. 어떤 생각이 당신의 마음을 꽉 잡고 있었습니까? 그리고 왜 이런 마음이 들었을까요? 반면에 좋은 성가를 듣거나 전심으로 찬양을 드렸을 때, 혹은 감동적인 설교를 들은 후 당신의 마음은 어떤생각으로 가득 찼습니까?

1. 성경은 인간의 내면에는 두 개의 경향(혹은 욕구/Desire)이 있다고 말합니다. 무엇입니까?(갈 5:17)

   (Tip) 마음의 경향을 두 가지로 볼 수 있는 근거는 우리 마음을 하나님을 향하는 경향과 세속(육체)을 향하는 경향이라는 '방향'의 개념으로 보는 데 있습니다.

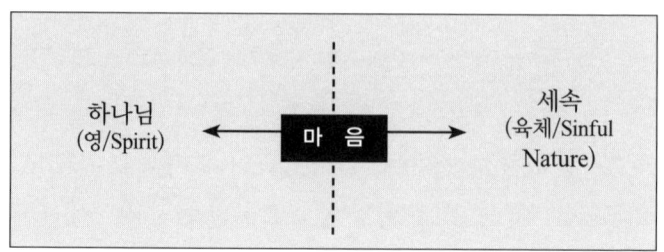

2. 하나님께서 인간을 창조하신 이야기를 봅시다. 무엇이 결합되었습니까?(창 2:7)

   (Tip) 인간은 창조되는 순간부터 두 개의 경향을 갖게 되었다는 것을 알 수 있습니다.

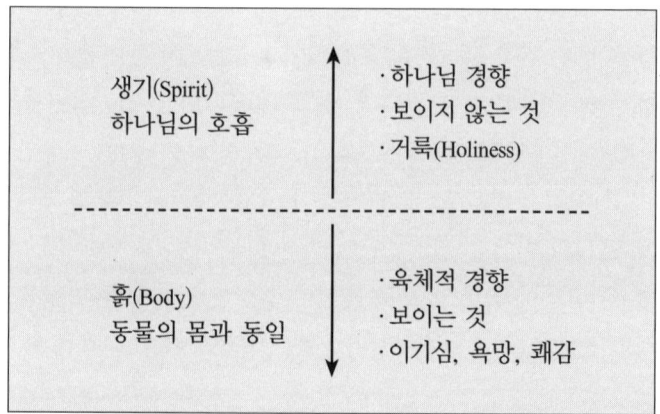

그런데 여기서 육체가 원래부터 악하다는 뜻은 아닙니다. 하나님께서 주신 이기심과 욕망, 쾌감 등은 육체가 유지되고 생육하기 위해서는 꼭 필요한 것입니다. 하지만 인간이 죄를 짓고 하나님 경향을 떠나면서 인간을 지배하게 된 육체적 본성은 더 이상 창조의 질서 속에 있는 육체적인 본성이 아니고 인간의 전 존재를 지배하는 '타락한 본성(Sinful Nature)'이 되어 버린 데 문제가 있습니다. 육체를 유지하기 위한 이기심은 필요한 것이지만 이기적인 인격을 가진 인간은 잘못된 경향의 내면을 가진 인간이 되는 것이며, 생육을 위한 욕망은 괜찮지만 탐욕스런 인격을 가진 인간은 잘못된 경향의 내면을 가진 인간이 되는 것입니다.

* p.30

3. 마음의 경향을 중심으로 성경을 살펴봅시다.

(1) 살인 직전의 가인의 마음 상태는 어땠습니까?(창 4:7)

* p.36

(2) 하나님께서 홍수로 세상을 심판하시기 전의 사람들의 마음의 경향은 어디를 향했습니까?

"나의 영이 영원히 사람과 함께 하지 아니하리니 이는 그들이 (   )이 됨이라"(창 6:3)

"여호와께서 사람의 (   )이 세상에 가득함과 그의 마음으로 생각하는 모든 계획이 항상 악할 뿐임을 보시고"(창 6:5)

"노아가 방주에 들어가던 날까지 사람들이 (   ) (   ) (   )
(   ) 홍수가 나서 그들을 다 멸망시켰으며"(눅 17:27)

* p.37

(3) 하나님의 부르심을 받은 아브라함이 가는 곳마다 한 일은 무엇입니까?(창 12:7-8)

* p.42

(4) 출애굽해서 가나안에 들어가기까지 광야 생활은 일종의 훈련이었습니다. 무엇을 알게 하기 위한 훈련입니까?(신 8:3)

* p.43

(5) 약속의 땅에 들어가려는 이스라엘 백성을 시험에 빠뜨린 '발람의 꾀'는 무엇입니까?(민 25:1-18, 31:16)

* p.45

(6) 북 이스라엘 전체를 우상 숭배(바알과 아세라)로 몰아넣은 '이세벨'은 어떤 경향의 여인입니까?(왕상 21:25-26, 왕하 9:30)

* p.48

(7) 예수님을 마귀가 시험한 내용은 무엇입니까?(마 4:1-10)

- 첫째: (   )이 (   )가 되게 하라.
- 둘째: (   ) 천사가 너를 받들어 발이 돌에 부딪치지 않게 하리라.
- 셋째: 만일 내게 (   ) (   )하면 보이는 이 모든 것을 다 주겠다.

이것은 결국 예수님께 먹는 것, 보이는 것 중심의 육체적 경향으로 메시아 사역을 하라는 시험인 것입니다. 이에 대한 예수님의 대답은 오직 '기록되었으되'이었음을 기억합시다(신 6:13, 16, 8:3).

* p.49

(8) 요한계시록의 수신자인 일곱 교회 가운데 버가모 교회와 두아디라 교회가 책망받은 것은 무엇 때문입니까?

- 버가모 교회(계 2:14)

- 두아디라 교회(계 2:20)

* p.50

(9) 요한계시록 13:16-17을 보면 사람들이 오른손이나 이마에 무엇을 받습니까?

* p.52

(10) 시온 산에 선 14만 4천 명은 어떤 경향의 사람들입니까?(계 14:4)

* p.53

4. 두 가지 경향(Desire)이 어떻게 되어야 바른 것인지에 대해 예수님께서는 무엇이라고 말씀하셨습니까?(마 6:31-33)

* p.55

5. 두 개의 경향 가운데 하나님 경향을 '경건(Godliness)'이라고 합니다. 이 경향이 주된 사람을 '경건한 사람'이라 하고, 이 경향을 강화하기 위한

훈련을 '경건 훈련'이라고 합니다.

"망령되고 허탄한 신화를 버리고 경건에 이르도록 네 자신을 연단하라 육체의 연단은 약간의 유익이 있으나 경건은 범사에 유익하니 금생과 내생에 약속이 있느니라"(딤전 4:7-8)

   (1) 지금 우리에게 "망령되고 허탄한 신화(godless myths and old wives tale)"란 무엇입니까?

* p.57

   (2) 육체의 연습(physical training)은 무엇을 위해 하는 것입니까?

* p.59

   (3) 경건의 연습을 통하여 얻게 되는 범사의 유익 가운데 '금생의 약속'은 무엇이며, '내생의 약속'은 무엇이라고 생각합니까?

     • 금생의 약속(마 6:33, 딤전 4:12)

     • 내생의 약속(막 10:30, 딤전 4:10)

* p.60

6. 디모데후서 3:1-5과 갈라디아서 5:19-21을 읽으며 경건하지 못한 사람들의 모습을 살펴봅시다.

* p.61

7. 경건한 사람의 성품 9가지를 하나씩 생각하며 써 봅시다.(갈 5:22-23)

(1)

(2)

(3)

(4)

(5)

(6)

(7)

(8)

(9)

8. 경건 훈련에는 어떤 것이 있는지 살펴보고, 이 외에 생각나는 것이 있으면 이야기해 봅시다.

- 새벽 기도, 작정 기도
- 말씀 통독, 말씀 암송, 설교 듣기, 성경 공부, 신앙 서적 읽기
- 경배와 찬양, 성도의 교제
- 전도 실습, 성지 순례, 선교 여행, 각종 세미나 참석

이 모든 것들의 공통점이 있다면 하나님 경향을 강화하는 것입니다. 그런데 이런 여러 가지 가운데 가장 기본적이고, 효과적이고, 강력한 경건 훈련 중 하나가 바로 '경건의 시간(Quiet Time)'을 갖는 것입니다.

quiet time for beautiful life

2
경건의 시간이란?

QT는 우리의 내면을 치유하고 우리 마음속에 하나님 경향을 강화시켜서
우리를 '하나님의 마음'을 가진 사람으로 변화시킵니다.

• 지금까지 세계를 변화시킨 영적인 운동들이 여럿 있었습니다. 그중에 하나가 1882년 영국 캠브리지 대학의 후퍼(Hooper)와 서튼(Thorton) 등 몇몇 학생들이 시작했던 경건 훈련 운동이었습니다. 이들은 자신들이 기독교인임에도 불구하고 마음과 생활이 '세속적인 경향'으로 꽉 차 있는 것을 발견하고, 기도하면서 해결 방법을 찾기 시작했습니다.

 그들이 찾아낸 방법은 '하루 생활 중 일정 시간을 성경 읽기와 기도로 보낸다'라는 것이었습니다. 그들은 이것을 '경건의 시간(Quiet Time)'이라고 불렀고 '경건의 시간을 기억하자!'라는 표어를 외치며 신앙생활을 해 나갔습니다. 결국 이들 캠브리지의 7인은 중국 선교사로 헌신했고, 평생을 하나님과 동행하면서 주님의 사역을 감당해 갔습니다.

 후에 이들의 경건 훈련 방법인 '경건의 시간'을 여러 사람들이 사용하기 시작했고, 놀라운 영적 능력이 계속 나타나게 되었습니다. 이것이 수많은 선교사, 설교자, 사역자들의 영성을 뒷받침하는 경건 훈련 방법인 QT의 역사입니다.

1. 경건의 시간(QT)의 성경적 근거는 출애굽한 이스라엘 백성이 약속의 땅으로 들어가기 전 예배하는 백성, 하나님의 백성이 되기 위해 훈련받았던 광야 생활입니다. 광야 생활에서 하나님께서 이스라엘 백성을 훈련하기 위해 사용한 주된 방법은 세 가지였습니다. 무엇입니까?

(1) 출 40:36-38(출 13:21)

(2) 신 8:3(출 16:35)

(3) 레 1:1-3(출 25:22)

* p.76-81

이 세 가지가 각각 의미하는 것이 무엇인지 서로 짝을 지어 봅시다.

- 구름기둥과 불기둥
- 만나를 먹이심
- 회막(Tent of Meeting)

· 공급(능력 주심)
· 교제(멤버십 확인)
· 인도와 보호

그러므로 우리는 QT를 통하여 다음 세 가지 영적 유익을 얻게 됩니다.

① 하나님과 교제를 통하여 우리가 하나님의 자녀인 것을 확인하는 것
② 하나님께서 우리의 삶을 어떻게 인도하시길 원하시는지 아는 것
③ 하나님께서 원하시는 그 길을 걸어갈 수 있는 힘을 공급받는 것

(Tip) 이 세 가지의 유익은 먼저 우리의 내면을 치유하고 우리 마음속에 하나님 경향(Inclination)을 강화시켜서 우리도 모르는 사이에 '하나님의 마음'을 가진 사람으로 변화하게 만듭니다. 이때부터 우리 삶을 통하여 자연스럽게 하나님의 '사역'이 시작되는 것입니다.

아래는 QT를 통하여 얻을 수 있는 보너스입니다.

① 우리의 내면의 상처를 치유받게 됨
② 하나님의 마음을 가지고 사역을 하게 됨
③ 사역을 위한 말씀 훈련을 받게 됨

2. QT를 잘하기 위한 5단계(요소)는 다음과 같습니다.

첫째, QT를 시작하기 위해서는 먼저 하나님의 자녀로서 하나님의 자녀답게 살기를 원하는 헌신과 결단이 있어야 합니다. 이스라엘 백성이 시내 광야에서 했던 결단(출 19:5-8)과 같은 그런 결단 말입니다. 결단 기도문을 적어 봅시다.

> **결단 기도문의 예**
>
> 아버지 하나님!
> 제가 우리 주 예수 그리스도의 십자가 은혜로
> 하나님의 자녀된 사실을 생각할 때마다 감사드립니다.
> 그러나 하나님의 자녀답게 살지 못한, 하나님이 기뻐하지 않으시는
> 이 모습을 주님 앞에 내어놓고 회개합니다. 이제 자녀된 자답게 살기를
> 원합니다. 또 경건 훈련을 받기 원합니다. 경건의 연습에 동참하기를
> 원합니다. 경건의 시간을 갖게 하여 주옵소서. 제 자신의 힘으로는
> 할 수 없사오니 내주하시는 성령님께서 도와주옵소서.
> 예수님의 이름으로 기도합니다. 아멘.

둘째, 우리의 시간을 드리는 실천이 있어야 합니다. 시간이 바로 우리의 인생입니다. 하나님께 정해진 시간을 매일 드리는 것은 하나님과의 교제를 위해 필수적인 것입니다.

(1) 출애굽기 29:38-46의 말씀을 읽어 봅시다.

(2) 하루 가운데 방해받지 않고 하나님과의 교제를 위해 따로 구별하여 드릴 수 있는 시간은 언제입니까?(하루 한 번 약 30분씩)

(3) 가능한 한 아침 시간에 하면 좋습니다. 이유는 다음과 같습니다.
- 하루를 시작하면서 먼저 하나님의 지시를 받고 살아간다는 의미에서

- 다윗이나(시 5:3, 143:8) 예수님께서도 아침에 경건의 시간을 갖는 모습을 보여 주셨으므로
- 만나를 거두러 나가는 시간도 이른 아침이었으므로(출 16:21)

Tip 그러나 아침 시간을 드린다는 것이 쉬운 것이 아닙니다. 처음 QT 운동을 시작했던 '서튼'이라는 학생은 게을러서 아침 시간을 주님께 드리는 데 자꾸 실패하자, 작은 장치를 하나 고안해 냈습니다. 자명종이 울리면 그 진동이 낚싯대를 튕기게 하고 낚싯줄에 연결된 담요가 획 벗겨져 버리게 하는 그런 장치였습니다. 아침 시간에 주님과 교제한다는 것이 그만큼 힘들다는 것이고, 동시에 아침 시간에 교제하는 것이 그만큼 중요하다는 것을 의미하는 이야기입니다. 그러나 아침 시간을 고집하다가 QT를 못하는 것보다는 지혜롭게 시간을 구별해 놓는 것이 더 중요합니다. 예를 들어서 주부들은 아침에 식사, 출근, 등교 준비 등을 다 해 주고 난 오전 9-10시가 가장 방해받지 않는 좋은 시간이며, 학생들이나 직장인은 학교나 회사에 조금 일찍 가서 QT를 하는 것이 좋습니다. 안전하게 시간을 확보할 수 있기 때문이지요. 무엇보다도 할 수 있는 대로 힘을 다하여 QT할 시간을 지키는 것이 가장 중요합니다.

셋째, 방해받지 않고 하나님과 단둘이 교제할 수 있는 장소를 확보해야 합니다. 이것은 우리의 물리적인 노력입니다. 가족이나 회사 동료 등 다른 사람에게 방해받지 않도록 우리가 노력해야 합니다.

    (1) 골방이나 방해받지 않는 조용한 곳이 있으면 제일 좋습니다.

    (2) 가족이나 다른 사람들에게 노출된 공간이면 양해를 구하십시오.
        예) '지금은 QT중입니다.'라는 팻말을 단다.

    (3) 출근길 지하철이나 버스에서 QT하는 것은 가급적 피하는 것이 좋습니다. 그러나 이때밖에 시간이 없을 때에는 귀에 이어폰을 꽂고 잔잔한 찬양 연주를 들으면서 QT하는 것이 좋습니다.

    (4) 내가 방해받지 않고 하나님과 교제할 수 있는 '지성소'는 어느 곳인지 구체적으로 이야기해 봅시다.

넷째, 다른 경건 훈련으로 QT를 대신해서는 안 됩니다. 예를 들어 오늘은 새벽 기도회를 나갔으니 그것으로 QT를 대신하려고 해서는 안 됩니다. 다른 경건 훈련을 하더라도 QT는 별도로 계속해야 합니다. QT는 성경 공부나 기도 모임과는 다른 개념의 경건 훈련이기 때문입니다.

    (1) QT를 통해 그날 주신 말씀은 그날 나의 하루의 삶을 인도하는 구체적이고 직접적인 하나님의 음성이 됩니다. 객관적인 진리를 발견하는 데 중점을 두는 성경 공부와 구별됩니다.

(2) 주신 말씀에 근거하여 나의 삶을 주님 앞에 펼쳐 놓고 말씀에 따라 기도한다는 점에서 단순한 기도 시간과 구별됩니다.

(3) 하나님과 단둘이 만나서 교제한다는 점에서 공공 예배와 구별이 됩니다.

다섯째, QT는 매일 먹는 영적 양식입니다. 어제 어떤 일 때문에 QT를 못했다고 오늘 어제 것까지 한다든지, 아니면 자꾸 빼 먹으니 이렇게 하느니 차라리 안하겠다라고 생각하는 것은 잘못입니다. 이런 완벽주의적 교만은 QT의 적입니다. 한 가지만 기억합시다. QT는 어떻게 하든지 하는 것만큼 유익입니다.

3. QT를 할 때 꼭 노트를 사용해야 하는 것은 아닙니다. 그러나 노트를 사용하면 주신 말씀을 잘 요약할 수 있고, 생각이 정리되어 남아 있게 되며, 말씀의 통찰이 남아 있어서 귀한 영적 자료가 됩니다.

(Tip) QT 준비를 위한 4P가 있습니다. 그것은 Prayer(기도), Place(장소), Pen(연필), Paper(종이)이지요.

〈 QT 노트 Sample 〉

　　　　　　　　　　　　　　　　　　　년　　　월　　　일

- 오늘의 말씀

　빌립보서 4:1-9

- 오늘의 말씀 요약

- 나에게 주시는 말씀

- 적용과 기도

주 안에서의 생활

오늘의 말씀 / 빌립보서 4:1-9

---

1. 그러므로 나의 사랑하고 사모하는 형제들, 나의 기쁨이요 면류관인 사랑하는 자들아 이와 같이 주 안에 서라 (잠 16:31, 고후 1:14, 빌 1:27)
2. 내가 유오디아를 권하고 순두게를 권하노니 주 안에서 같은 마음을 품으라 (빌 2:2)
3. 또 참으로 나와 멍에를 같이한 네게 구하노니 복음에 나와 함께 힘쓰던 저 여인들을 돕고 또한 글레멘드와 그 외에 나의 동역자들을 도우라 그 이름들이 생명책에 있느니라 (눅 10:20, 롬 16:3)
4. 주 안에서 항상 기뻐하라 내가 다시 말하노니 기뻐하라 (롬 12:12, 벧전 4:13)
5. 너희 관용을 모든 사람에게 알게 하라 주께서 가까우시니라 (고전 16:22, 고후 10:1, 히 10:37)

§ 확인

1. 광야 생활에서 하나님께서 이스라엘 백성을 훈련하기 위해 사용한 주된 방법 세 가지와 그것이 의미하는 것은 무엇입니까?

	의미	방법
1		
2		
3		

2. QT를 통해서 얻을 수 있는 영적 유익과 보너스는 무엇입니까?

(영적 유익) (1)

(2)

(3)

(보너스) (1)

(2)

(3)

3. QT를 잘하기 위한 5단계(요소)는 무엇입니까?

(1) 첫째, QT의 출발은 먼저 (　　　)로서 (　　　)답게 살기를 원하는 (　　)과 (　　)이 있어야 합니다.

(2) 둘째, 우리의 (　　)을 드리는 (　　)이 있어야 합니다.

(3) 셋째, 방해받지 않고 하나님과 단둘이 (　　)할 수 있는 (　　)를 확보해야 합니다.

(4) 넷째, (　　　)으로 QT를 (　　)해서는 안 됩니다.

(5) 다섯째, QT는 (　　) 먹는 영적 (　　)입니다.

quiet time for beautiful life

3
준비 기도와 읽기

QT는 성령님께서 주도하시는 시간입니다.
성령님께서 우리의 마음과 눈을 열어 주셔야 QT는 시작됩니다.

• QT에 대한 여러 평가 중 QT는 신비주의적 경향이 있고, QT를 열심히 하는 사람은 신비주의자가 될 가능성이 있다는 비판의 소리가 있습니다. QT가 하나님께서 주도하신다는 것을 강조하기 때문에 나온 이야기인 것 같습니다.

그 이야기를 잘 생각해 보면, QT는 성령님께서 주도하시는 시간임을 다시 한번 깨닫게 됩니다. 성령님께서 우리의 마음과 눈을 열어 주셔야 QT는 시작됩니다. 오늘 주시는 말씀을 지금 내게 들려주시는 하나님의 음성으로 받게 되는 것도 성령님의 역사입니다. 하나님 앞에 자신의 삶을 펼쳐 놓을 때, 잘못된 부분이 제거되고 상처난 부분이 보혈로 덮혀지며 무기력하게 주저앉아 있던 영이 힘을 얻고 외양간에서 나온 송아지처럼 뛰면서 주님을 찬양하는 체험을 하게 됩니다. 이것이 QT입니다.

하나님의 주도권! 지성소에 들어가 하나님 앞에 서 있는 체험! 때로 신비주의라는 오해를 살 수도 있지만, 그렇다고 절대 약화시켜서는 안 되는 부분입니다. 그래서 QT를 할 때 가장 중요한 것은 '준비 기도'와 편견 없이 '주신 말씀을 읽는 것'입니다. 이때에 준비 기도는 '자기(自己)'를 변제로 드리는 것과 같습니다.

1. QT를 시작할 때에는 다음 네 가지의 마음 자세를 가져야 합니다.

   (1) 시 51:17

   (2) 살전 2:13

   (3) 시 51:10

   (4) 삼상 15:22

   ⓣⁱᵖ 이런 마음이 되기 위해서는 성령님의 도우심이 있어야 합니다. QT하기 전에 준비 기도를 해야 한다는 것이지요. 세속의 관심과 육체적인 경향으로 꽉 차 있던 마음에 하나님의 말씀을 바로 퍼 넣을 수는 없습니다. 조용하고 간절하게 기도하는 순간, 말씀을 들을 수 있도록 우리의 마음이 열리는 것을 느끼게 됩니다.

* p.113-115

   많이 사용되는 QT 방법 중에 PRESS 방법이 있습니다.

   > P : Pray for a moment. (잠깐 기도하십시오.)
   >
   > R : Read His Word. (말씀을 읽으십시오.)
   >
   > E : Examine His Word. (말씀을 묵상하십시오.)
   >
   > S : Say back to God. (주신 말씀을 가지고 다시 기도하십시오.)
   >
   > S : Share with others what you have found. (받은 은혜를 나누십시오.)

PRESS 방법 중 첫 번째가 준비 기도에 해당하고, 두 번째는 읽기에 해당합니다. 다시 한번 기억하십시오. QT의 주권은 하나님께 있습니다.

2. 준비 기도를 위한 기도문을 쓰고 기도를 드립시다. (약 10초간)

> **준비 기도문의 예**
>
> 하나님!
> 오늘도 말씀으로 먹이시고 인도하시니 감사합니다.
> 어제의 삶은 주님 앞에 내어놓기 부끄러운 모습이었습니다.
> 그러나 늘 용서하시는 한결같은 사랑에 의지하여
> 이 시간 주 앞에 앉았습니다.
> 제 삶이 숨김 없이 말씀 앞에 쏟아지게 하시고
> 하나님의 조명으로 정결하게 되며 전심으로 순종하게 하옵소서.
> 주님께서 원하시는 삶을 살 수 있게 하옵소서.
> 예수님의 이름으로 기도합니다. 아멘.

준비 기도를 하면서 먼저 찬양을 드리는 것은 아주 좋은 방법입니다. 마음으로부터 나오는 찬양을 드리는 순간 우리의 영이 움직이며 순수해지기 때문입니다.

'나의 입술의 모든 말과' 찬양을 드리고 기도를 합시다.

> 나의 입술의 모든 말과 나의 마음의 묵상이
> 주께 열납되기를 원하네.
> 생명이 되신 주 반석이 되신 주
> 나의 입술의 모든 말과 나의 마음의 묵상이
> 주께 열납되기를 원하네.

3. 읽기는 QT에서 가장 중요한 부분인데도 가장 무시되기 쉬운 부분입니다. 읽기는 내가 단순히 책을 읽는 것이 아니라 성령님의 도우심 가운데서 하나님의 음성을 듣는 것입니다.

   Tip QT를 만나를 먹는 것에 비유한다면, 읽기는 만나를 입에 넣는 것을 의미합니다. 아무리 소화를 잘 시킬 수 있다고 하더라도 일단 입에 들어가지 않고는 아무 소용이 없는 것이지요.

하워드 핸드릭스 교수의 조언을 들어 봅시다. (먼저 눈으로 한 번 읽고, 그 다음에는 천천히 소리 내어 읽어 봅시다.)

(1) 처음 읽는 것처럼 읽어라.
　　- 친숙은 경멸을 불러일으킵니다.

(2) 연애 편지를 읽듯이 읽어라.(언약적 읽기)

- 편지를 보내신 하나님을 향한 그리움과 사랑을 가지고, 편지 속에 빨려 들어가듯이 읽으십시오.

(3) 탐구하는 자세로 읽어라.
- 생각하며 읽으십시오. 성경을 읽을 때마다 생각이란 모자를 써야 합니다.

(4) 반복해서 읽어라.
- 성경의 전후를 포함해서 여러 번 읽으십시오. 다른 방법, 다른 역본을 통해 여러 번 읽으십시오.

(5) 분석적으로 읽어라.
- '누가? 왜? 무엇을? 어디서? 언제?' 등의 관찰 질문을 던져 가며 읽으십시오.

(6) 기도하는 자세로 읽어라.
- 특히 성경의 인물들이 하나님께 드리는 말씀을 자신의 기도처럼 읽도록 합니다.

(7) 묵상하며 읽어라.
- 말씀이 머리에서 가슴까지 내려오는 것을 기다리며, 느끼며 읽으십시오.

(8) 망원경 시각을 가지고 읽어라.

- 부분을 전체의 시각과 흐름 속에서 읽는 것입니다. 접속사, 문맥 등에 주의를 기울입시다.

4. 성경의 어느 부분을 읽을지 생각하는 것은 매우 중요합니다.

(1) 아무 데나 닥치는 대로 읽는 것은 좋지 않습니다.

(2) 자신이 좋아하는 곳을 골라 읽는 것도 좋지 않습니다.

- 이 두 가지는 왜 좋지 않은 태도일까요?

- 그러면 어떻게 하는 것이 좋습니까?

*p.136-142

QT를 위해 만들어진 교재를 사용하는 것도 좋습니다. 교재를 사용할 때의 좋은 점은 다음과 같습니다.

(1) 성경 본문을 정해 주고, 3-4년에 걸쳐서 성경 전체를 다 읽을 수 있도록 구성되어 있다.

(2) 본문에 대한 해석이나 설명이 QT를 잘할 수 있도록 도와준다.

(3) 교재가 있으므로 매일 QT를 해야겠다는 자극과 격려를 받는다.

5. 하워드 핸드릭스 교수의 조언을 생각하며 말씀 읽기를 실습해 봅시다.
   (1) 눈으로 전체를 쭉 읽으며 전체의 흐름을 잡는다.
      - 빌 4:4-9를 눈으로 읽어 봅시다.

   (2) 천천히 소리 내어서 음성을 듣듯이 읽는다.
      - 빌 4:4-9를 소리 내어 읽어 봅시다.

   (3) 단어 하나하나에 주의를 기울이며 읽되, 한 문장을 읽은 후 잠시 사이를 띄었다가 읽도록 한다.
      - 빌 4:4-9를 이 방법으로 읽어 봅시다.

이 외에 성경을 다른 역본으로 읽는 것도 매우 도움이 되는 방법입니다. 영어나 다른 언어로 된 성경을 읽을 수 있다면, 그것도 역시 좋은 읽기가 될 것입니다.

"여러분은 주님 안에서 항상 기뻐하십시오. 내가 다시 말합니다. 기뻐하십시오. 모든 사람을 너그럽게 대하십시오. 주님께서 오실 날이 가까왔습니다. 아무것도 염려하지 말고 모든 일에 기도와 간구로 여러분이 필요로 하는 것을 감사하는 마음으로 하나님께 말씀드리십시오. 그러면 도저히 상상

도 할 수 없는 하나님의 놀라운 평안이 그리스도 예수님 안에서 여러분의 마음과 생각을 지켜 주실 것입니다. 형제 여러분, 끝으로 말합니다. 여러분은 참되고 고상하고 옳고 순결하고 사랑스럽고 칭찬할 만한 것이 무엇이든 거기에 미덕이 있고 찬사를 보낼 만한 것이 있다면 그것들을 생각하십시오. 또 여러분이 내게서 배우고 받고 듣고 본 것을 실천하십시오. 그러면 평화의 하나님이 여러분과 함께 하실 것입니다" (빌 4:4-9, 현대인의 성경)

6. 앞의 방법대로 성경 말씀을 여러 번 읽어도 집중이 되지 않고 내용이 겉돈다고 생각되는 사람은 다음 두 가지 방법 중 하나를 사용하면 도움이 됩니다.

(1) 전체 내용을 자신의 말로 이야기하듯이 재구성해 보는 것입니다. 성경을 보면서 앞에 있는 사람에게 이야기를 전달하듯 말하면 됩니다. 빌 4:4-9을 자신의 이야기를 하듯이 말해 봅시다.

(2) 한 절 한 절 보면서 관찰된 것을 노트에 쓰도록 하십시오.
  예) 주 안에서 기뻐하라고 했다. 항상 기뻐하라고 했다. 먼저 명령문으로 하고 그 뒤에 그렇게 명령한 이유를 설명하고 있다. '끝으로'라는 말을 쓰고 있다.

(3) 빌 4:4-9에서 관찰 문장 10개를 찾아 써 봅시다. (이때 보이는 것만을 그대로 쓰고, 자신의 생각이나 해석을 곁들이지 않도록 합니다.)

①

②

③

④

⑤

⑥

⑦

⑧

⑨

⑩

*p.149

§ 확인

1. QT를 시작할 때의 네 가지의 마음(자세)은 무엇입니까?

    (1) (　　　) 심령, (　　　) 마음(시 51:17)

    (2) (　　　)의 (　　　)으로 받는 마음(살전 2:13)

    (3) (　　　) 마음, (　　　) 영(시 51:10)

    (4) (　　　)하는 마음(삼상 15:22)

2. 읽기를 위한 하워드 핸드릭스 교수의 조언을 다시 한번 기억하며, 다음 빈 곳을 채워 봅시다.

    (1) (　　) (　　) 것처럼 읽어라.

       - 친숙은 경멸을 불러일으킵니다.

    (2) (　　　)를 읽듯이 읽어라.

       - 편지를 보내신 하나님을 향한 그리움과 사랑을 가지고, 편지 속에 빨려 들어가듯이 읽으십시오.

    (3) (　　)하는 (　　)로 읽어라.

       - 생각하며 읽으십시오. 성경을 읽을 때마다 생각이란 모자를 써야 합니다.

    (4) (　　　)해서 읽어라.

       - 성경의 전후를 포함해서 여러 번 읽으십시오. 다른 방법, 다른 역본을 통해 여러 번 읽으십시오.

    (5) (　　　)으로 읽어라.

       - '누가? 왜? 무엇을?' 등의 질문을 하며 읽으십시오.

(6) (   )하는 (   )로 읽어라.
- 특히 성경의 인물들이 하나님께 드리는 말씀을 자신의 기도처럼 읽도록 하십시오.

(7) (   )하며 읽어라.
- 말씀이 머리에서 가슴까지 내려오는 것을 기다리며, 느끼며 읽으십시오.

(8) (   )을 가지고 읽어라.
- 부분을 전체의 시각과 흐름 속에서 읽는 것입니다. 접속사, 문맥 등에 주의를 기울입시다.

3. 다음 본문을 지금까지 공부한 방법대로 읽어 봅시다.(단, 읽기 전에 준비 기도를 먼저 하는 것을 잊지 마십시오.)

(1) 수 17:14-18

(2) 시 62:1-12

quiet time for beautiful life

4
묵상

말씀 묵상이란 단순하게 '명상'하는 것이 아니라 우리에게 주신
하나님의 말씀을 잘 깨닫기 위해 성령 안에서 탐구하고 생각하는 것입니다.

• 영국의 철학자며 세계적 지성인이라고 자부하는 '버틀란트 러셀'은 어려서부터 굉장한 성경 지식을 가지고 있었습니다. 그는 목사님들에게 어려운 성경 내용을 질문해서 골탕 먹이거나, 목사님들의 무지한 성경 지식을 비웃기도 했습니다. 그는 결국 「나는 왜 그리스도인이 아닌가?」라는 책을 쓰는 데까지 이르게 되었습니다.

무엇이 문제였을까요? 성경 말씀에 능력이 없는 것일까요? 그는 말씀을 그렇게 많이 알고 있었지만, 왜 말씀이 그를 신앙인으로 변화시키지 못했습니까? 그 이유는 러셀은 성경 말씀을 지식으로는 알았으나 '묵상'하지 않았기 때문입니다.

'묵상(Meditation)'이라는 말의 어원은 라틴어 '메디켈루스'입니다. '약(Medicine)'이란 말의 어원이기도 하지요. 약이 몸 안으로 들어와 온몸에 퍼져 약효를 내듯이, 묵상이란 어떤 한 생각이 인간의 내면으로 퍼져 영향을 미치는 것입니다. 말씀 묵상은 지식으로 들어온 말씀이 우리의 지(知), 정(情), 의(意) 전체와 영적인 영역까지 퍼져 우리를 전적으로 장악하고 변화시키는 과정을 말합니다.

묵상이 없는 QT는 QT가 아닙니다. 읽은 말씀이 가슴까지 들어오지 않고 그냥 처리된다면, 그 말씀과 나의 내면과는 별 상관이 없는 것입니다. 그리고 내면의 경향도, 삶도 변하지 않게 되지요.

〈 묵상 방법 I - 질문을 통해 묵상하는 것 〉

1. 가장 일반적인 QT 방법 중에 하나인 PRESS 방법 중에서 '묵상'에 해당하는 것은 무엇입니까? 다음 말씀을 묵상해 봅시다.

    Tip 묵상이란 뜻을 나타낼 때 'Meditation'이란 단어도 쓰지만 'Examination'이란 단어도 씁니다. 이 단어를 쓰는 것은 묵상이 단순하게 '명상'하는 것이 아니라 우리에게 주신 하나님의 말씀을 잘 깨닫기 위해 성령 안에서 탐구하고 생각하는 것임을 강조하기 위해서입니다. QT를 만나를 먹는 것에 비유한다면, 준비 기도는 식욕을 돋우는 것에 해당하고, 읽기는 만나를 입에 넣는 것에 해당합니다. 그리고 묵상은 그 만나를 잘 씹어서 넘기는 것이지요. 씹을 때마다 그 사이사이에 있던 즙이 터져 나와 이전에 알지 못했던 맛을 느끼는 것이 '묵상'입니다. 여기서 씹는다는 것은 바로 성령 안에서 '질문'하고 그 질문에 대한 답을 주께 듣기 원하며 탐구하는 것 모두를 말합니다. 이때 중요한 것은 '내가 깨닫는 것'이 아니라 '하나님께서 깨닫게 하신다는 것'입니다. 그래서 묵상할 때에는 기도하며 간구하는 마음으로 해야 합니다. 준비 기도 때에도 기도를 드렸지만, 묵상할 때에도 계속 기도하는 자세로 임해야 합니다.

    (1) 시 119:18

    (2) 시 119:125

2. 묵상을 위한 질문은 내용을 좀 더 잘 알기 위해 던지는 '기본적인 질문'과 더 깊은 영적인 비밀을 깨닫기 위해 묻는 '영적인 질문' 두 가지로 분류할 수 있습니다.

Tip '기본적인 질문'은 이미 던졌던 질문이 반복되어 사용됩니다. 묵상은 읽기와 뚜렷이 구별되지만, 실제적으로는 읽을 때에 묵상이 함께 일어나기도 합니다.(단 여기서 '읽기'와 '묵상'의 차이가 있다면, '읽기'에서는 질문을 던지되 관찰 가능한 범위에서만 대답하지만, '묵상'에서는 관찰을 넘어선 해석까지 하면서 질문에 대답한다는 점입니다.) '영적인 질문'은 내용 파악보다는 영적인 내용을 깨닫기 위한 것으로써 이때 얻어지는 깨달음을 '통찰(Insight)'이라고 합니다.

(1) 기본적인 질문 : '언제, 어디서, 누가, 무엇을, 어떻게, 왜' 등의 의문사를 사용하며 묻는 것.

(2) 영적인 질문:
　① 이 말씀 속에 나타나신 하나님(성부, 성자, 성령)의 성품(속성)은 무엇인지를 묻는 것.
　② 이 말씀 속에서 우리에게 보여 주시는 하나님의 역사하심(섭리)의 원리는 무엇인가?

빌 4:4-9를 위에 있는 질문의 틀에 따라 질문해 봅시다. 여기서는 연습하는 의미로 먼저 묵상을 위한 질문을 더 써 봅시다.

(1) '다시 말한다'는 말은 무엇을 의미하는가?(4절)

(2) 명령문을 많이 쓰고 있는데 그 이유는 무엇일까?

(3) 사도 바울은 '주께서 가까우시니라(5절)'는 말을 통해 어떤 영적 체험을 말해 주는가?

(4)

(5)

(6)

(7)

이런 질문들을 마치 성경을 연구하듯이 고민하고 애쓰면서 물을 필요는 없습니다. '읽기'를 반복하면서 자연스럽게 떠오른 질문을 물으면 됩니다. 성령님께서 우리 마음에 묻게 하시는 질문이지요.

3. 앞의 질문들의 답이 무엇인지 기도하며 생각하는 것이 묵상의 전반부(前半部)입니다. 이때 모든 질문에 반드시 답을 다 해야 되는 것은 아닙니다. 답이 무엇인지 생각하며 성경 본문을 읽지만 전혀 감동이 오지 않는 질문들은 버려도 됩니다. 다만 묵상하다가 눈이 밝아지며 깨달아지는 것 한두 가지를 그날 나에게 주신 하나님의 말씀으로 받으면 됩니다. 앞의 질문 10가지의 답을 기도하며 찾아봅시다.(버릴 것은 과감히 버리십시오!)

4. 이제는 그 깨달은 말씀을 느끼십시오. 그 영적인 진리, 그 하나님의 성품, 섭리, 은혜, 비밀을 당신의 온몸, 전심으로 느끼십시오. 잠시 침묵하거나 가만히 중얼거리며 음미하십시오. 이것이 묵상의 후반부(後半部)입니다. 앞에서 깨달은 것을 묵상해 봅시다.(1-2분간)

〈 묵상 방법 II - 직접 주시는 말씀을 받는 것 〉

5. 묵상의 원칙은 지금까지 공부한 내용이지만, 또 다른 부분에서 우리가 QT할 때 빈번하게 일어나는 묵상이 있습니다. 이것은 잘못된 묵상이라기보다는 현실을 살아가고 있는 우리가 가질 수밖에 없는 한계이기도 하지요.

  (1) 질문과 대답의 과정을 생략한 채 읽기나 묵상을 위한 질문 과정에서 계속 생각나는 말씀(단어, 문장, 이름 등).

  (2) 현실에서 구체적으로 고민하고 있거나 관심 있는 무엇에 대한 말씀이, 읽기나 묵상을 위한 질문을 찾는 가운데에 보여지고 깨달아집니다. (이때는 적용까지 한꺼번에 일어나게 됩니다.)

빌 4:4-9를 읽으면서 질문과 대답의 과정없이 그냥 직접 당신에게 주어졌던 말씀이 있습니까?
예) 아무 이유 없이 '기뻐하라!'라는 단어가 계속 마음을 울리는 것이 (1)번 경우에 해당합니다. 이 경우는 이 말씀을 가지고 기도를 하나님께 드리면서 자신의 삶에 적용해 가면 됩니다. 무엇을 위해 기도하고 있지만 응답이 오지 않아서 갈등하고 있을 때, 이 본문을 읽으면서 '감사함으로 하나님께 아뢰라'라는 구절이 그대로 마음에 다가오면서 '아, 내가 감사가 없이 기도했구나!' 하는 깨달음과 감동이 오면 이것이 (2)번 경우에 해당하겠지요. 적용까지 한꺼번에 됩니다.

여기에서 주의할 것이 있습니다. 마치 점을 치듯이 본문의 의미와는 아무 상관도 없이 단어만 수집하는 식의 묵상은 위험합니다. 무엇인가를 할까 말까 망설이고 있는데 9절의 '행하라'는 단어가 눈에 들어온다고 그것을 주신 말씀으로 받고 묵상, 적용하는 것과 같은 경우입니다. 여기서 '행하라'는 바울에게 배우고 보고 들은 대로 신앙생활을 하라는 의미이지요.

묵상을 위한 가이드 중에 SPACE 방법이 있습니다.

> S : Sins to confess (자백해야 할 죄)
> P : Promises to claim (붙잡을 약속)
> A : Actions to avoid (피해야 할 행동)
> C : Commands to obey (순종해야 할 명령)
> E : Examples to follow (따라야 할 모범)

이 다섯 가지 기준을 가지고 말씀을 묵상해 봅시다.

§ 확인

1. 구체적인 묵상 방법은 무엇입니까?

    (1) 묵상 방법 I - (　　　　)을 통해 묵상하는 것

    (2) 묵상 방법 II - 직접 주시는 (　　　　)을 받는 것

2. 하나님께서 직접 주시는 말씀을 받는 두 가지 경우는 무엇입니까?

    (1)

    (2)

〈실습〉

　　　　　　　　　　　　　　　　　　　년　　　월　　　일

• 본문 : 여호수아 17:14-18

• 묵상을 위한 질문

• 질문을 위한 대답

• 나에게 주시는 말씀

〈실습〉

　　　　　　　　　　　　　　　　　　년　　　월　　　일

- 본문 : 누가복음 16:19-31
- 묵상을 위한 질문

_____
_____
_____
_____

- 질문을 위한 대답

_____
_____
_____
_____

- 나에게 주시는 말씀

_____
_____
_____
_____

quiet time for beautiful life

5
적용

적용을 잘하기 위해서는 자신의 삶의 매 순간을 생각하며 사는 것이 중요합니다. 적용은 개인적이며, 구체적이고, 가능한 것이어야 합니다.

• QT를 오랫동안 해 오던 사람이 있었습니다. 그런데 그 사람에게서는 하나님과 동행하는 모습이 잘 보이지 않았습니다. 그 정도 QT를 하면 하나님 경향이 많이 강화되어 그것이 말과 표정과 행동 속에 나타나야 하는데, 전혀 그렇지 않았습니다. 여전히 세상의 염려는 그대로 가지고 있었습니다. 자기중심적이고 보이는 것 중심의 태도도 그대로였습니다.

이 불가사의한 사람(?)을 잠시 연구해 본 결과, 그의 QT 노트에서 그 이유의 실마리를 찾을 수 있었습니다. 그는 묵상까지는 열심히 했지만, 적용에서는 습관적으로 생각하는 모습을 보였습니다. '기도하는 마음으로 용서하며 살아야겠다. 하나님의 사랑으로 사람들을 대하자. 거룩한 마음을 가지고 살자.'

그래도 이런 식의 적용은 나은 편이었습니다. 더 많은 경우에 이렇게 적어 놓은 것을 발견할 수 있었습니다. '정직한 영을 새롭게 하옵소서, 주를 바라보며 살게 하옵소서, 샘솟는 내면을 가지고 살게 하옵소서, 본질에 충실한 삶을 살아야겠다.' 그 자체가 또다시 묵상과 적용을 해야 될 적용을 하고 있었습니다. 이 사건을 통해 열심히 묵상한 내용을 잘 적용하는 방법을 다시 한번 생각하게 되었습니다.

1. '준비 기도'를 식욕 돋우는 것, '읽기'를 입에 음식을 넣는 것, '묵상'을 씹어서 맛보며 넘기는 것이라고 한다면, 적용은 '소화·흡수'에 해당합니다. '묵상'까지는 잘 됐으나 '적용'이 안 되면 이것은 QT에 있어서 '설사'입니다. 좀 지저분한 이야기이지만, 영적인 훈련을 위해서 사람이 설사를 지속적으로 하면 어떤 상태가 되는지 알아봅시다.
   - 밥 먹을 재미가 없어집니다. 먹는 것이 고통입니다.
   - 온몸에 힘이 없어집니다.
   - 몸이 쇠약해지고 얼굴이 누렇게 뜹니다.
   - 사는 재미가 없고, 죽지 못해 살게 됩니다.
   - 몸이 약해서 그런지 각종 질병이 나타나고 온통 아픈 곳뿐입니다.
   - 그리고 그만 결국은 …

   QT에서도 마찬가지입니다. 적용을 실패한 채 QT를 오래 하게 되면, 영적으로 똑같은 증상을 보이게 됩니다. 위에 있는 여섯 가지를 '적용을 하지 않는 QT'(일종의 QT 설사)라고 했을 때 영적인 증상으로 바꾸어 이야기해 봅시다.

2. **적용을 잘하기 위해서는 먼저 자신의 삶의 매 순간을 생각하며 사는 것이 중요합니다.** 어떤 사람은 하루 종일 살아도 그날 무엇하고 살았는지 전혀 기억이 없는 사람도 있습니다. 되는 대로 살아간다고나 할까요? 이런 경우에는 '적용'이 어렵습니다. 누구를 만나고 무슨 생각을 했는

지, 그리고 어떤 느낌이었고, 어떤 의문들이 있었는지 어제 하루 살았던 내용을 이야기해 봅시다.

3. QT는 처음부터 끝까지 성령님의 인도를 구해야 합니다. 적용도 마찬가지이지요. 적용을 위한 기도를 해야 하는 이유가 여기 있습니다.

(1) PRESS 방법에서 '적용'에 해당하는 부분은 어떤 것입니까?

(2) 하나님께 무엇을 말씀드리라는 뜻입니까?

4. 적용을 위한 구체적인 가이드는 다음과 같습니다.

(1) 적용에는 어제의 삶에 대한 '회개'가 포함됩니다. (하나님의 지적)

(2) 적용에는 지금 나에 대한 하나님의 '세워 줌(Strengthening)'이 포함됩니다. (하나님의 격려)

(3) 적용에는 오늘 살아갈 내 삶에 대한 하나님의 구체적인 '지시'가 포함됩니다. (하나님의 인도)

이런 점을 포함해서 실제적으로 어떻게 적용해야 하는지 살펴봅시다. 적용에는 '적용의 3P' 원리가 있습니다.

   (1) 적용은 개인적(Personal)이어야 합니다.
      - 이 말이 의미하는 바는 무엇입니까? 개인적이지 못한 적용은 무엇입니까?

   (2) 적용은 구체적(Practical)이어야 합니다.
      - 구체적이지 못한 적용은 어떤 것들입니까?

   (3) 적용은 가능한(Possible) 것이어야 합니다.
      - '불가능한 적용'이란 무엇을 말합니까?

마귀는 우리가 도저히 해결할 수 없는 어떤 완벽주의적인 목표를 떠오르게 하고 그것에 적용하도록 유혹합니다. '한 순간도 거짓을 말하지 말자.'라는 적용이 그 예가 됩니다. 그러면 우리는 적용을 했지만 늘 실패할 수밖에 없고, 적용에서 멀어져 갈 수밖에 없습니다. 그렇게 되면 삶이 변하지 않습니다. 실제로 적용하도록 노력할 수 있는 내용을 적어야 합니다. 적용을 할 때 주의할 점은 다음과 같습니다. 적용 앞에서 진지합시다.

   (1) 이기적이고 자기 합리화인 적용을 피하십시오.

   (2) 습관적으로 가슴을 치는 식의 반복적인 자책성 적용을 피하십시오.

(3) 적용은 하나님의 말씀이 나의 삶과 부딪히는 실제적인 영적 사건입니다.

5. 우리는 지금까지 빌 4:4-9 말씀을 가지고 '준비 기도- 읽기-묵상'까지 해 왔습니다. 그 결과 '나에게 주시는 말씀'을 받았습니다. 그 말씀을 다시 한번 아래에 써 봅시다.

〈나에게 주시는 말씀〉
_____
_____
_____

'나에게 주시는 말씀'을 가지고 적용을 위한 기도를 합시다. 그리고 자신의 삶에 적용해 봅시다.(앞에서 공부한 적용의 원리들을 기억하십시오.)

〈적용〉
_____
_____
_____

§ 확인

1. 적용을 위한 구체적인 가이드 세 가지를 쓰십시오.

    (1) 회개 – 하나님의 (　　)

    (2) (　　　) – 하나님의 격려

    (3) 지시 – 하나님의 (　　)

2. 적용의 원리인 3P를 쓰십시오.

    (1) P_____ (　　　)

    (2) P_____ (　　　)

    (3) P_____ (　　　)

3. 적용할 때 주의할 점은 다음과 같습니다.

    (1) (　　)이고 자기 (　　)인 적용을 피하십시오.

    (2) 습관적으로 가슴을 치는 식의 반복적인 (　　) 적용을 피한다.

    (3) 적용은 하나님의 말씀이 나의 삶과 부딪히는 (　　　)인 (　　　) 입니다. 적용 앞에서 (　　　)합시다.

〈실습〉

　　　　　　　　　　　　　　　　　　　　　　　　년　　　월　　　일

- 본문 : 여호수아 17:14-18
- 묵상을 위한 질문

- 질문을 위한 대답

- 나에게 주시는 말씀

- 적용

〈실습〉

　　　　　　　　　　　　　　　　　년　　　월　　　일

• 본문 : 시편 62:1-12
• 묵상을 위한 질문

_____
_____
_____

• 질문을 위한 대답

_____
_____
_____

• 나에게 주시는 말씀

_____
_____
_____

• 적용

_____
_____
_____

〈실습〉

　　　　　　　　　　　　　　　　　　　　　년　　　월　　　일

- 본문 : 요한복음 20:19-23
- 묵상을 위한 질문

- 질문을 위한 대답

- 나에게 주시는 말씀

- 적용

---

quiet time for beautiful life

6
나눔

QT하는 마음으로 하루를 산다는 것은, QT를 끝내고 일상생활을 하면서도
계속 그 말씀을 떠 올리며 하루를 사는 것을 의미합니다.

- QT 나눔이란 'QT를 하는 가운데 하나님께서 내게 무엇이라고 말씀하셨고, 그 말씀으로 인해서 나는 이렇게 변했다.'라고 말하는 것입니다. 이렇게 나눔을 하게 되면 자신이 한 QT가 자신을 변화시켜서 하나님의 자녀로서 합당하게 '하나님 경향'으로 살아가도록 만들어 주는 것을 실감할 수 있게 됩니다.

'나눔(Sharing)'은 일종의 '운동(Exercise)'입니다. 먹고 소화·흡수하였는데 운동하지 않으면, 그 먹은 것이 몸에 도리어 해로울 수도 있고 다시 먹고 싶지 않게 되기도 합니다. 그러나 먹은 후 적당한 운동을 하면 몸도 건강해지고 또 계속 먹고 싶게 되는 것처럼, 나눔을 잘하게 되면 우리는 지속적으로 QT를 잘하게 되고 건강하고 힘 있는 영적 상태를 유지할 수 있습니다.

1. '나눔의 제1단계'는 QT하는 마음으로 하루를 사는 것입니다. 이것을 다른 말로 'QT Spirit으로 하루를 산다'라고 합니다. QT Spirit으로 하루를 산다는 것은 QT를 끝내고 일상생활을 하면서도 계속 그 말씀을 떠올리며 하루를 사는 것을 의미합니다. 그 말씀대로 살려고 하면서 말이지요. 바로 이것이 나눔의 첫 출발입니다. QT Spirit으로 하루를 살았던 경험이 있으면, 나누어 봅시다.

2. '나눔의 제2단계'는 '변화된 삶'입니다. QT하면서 받은 말씀대로 먼저 자신의 삶이 변하는 것이 진정한 나눔입니다.

   (1) 예배를 회복한다.
   - 이스라엘 백성이 광야에서 훈련받았던 목표는 '예배하는 공동체'를 세우는 것이었습니다(출 5:1, 8:1). 하나님께서 QT를 통해서 우리에게 기대하시는 것도 '하나님과의 교제 회복, 즉 예배의 회복'입니다.

   (2) 자신의 내면이 치유받는다.
   - 말씀을 통한 하나님과의 교제에는 치유가 따릅니다(말 4:2).

   (3) 인격이 변한다.
   - 성령의 9가지 열매는 다 인격에 해당하는 이야기입니다. 믿는 자에게는 그리스도의 성품이 나타나야 합니다(엡 4:13).

3. '나눔의 제3단계'는 사람들과 대화하면서, 혹은 어떤 그리스도인 모임에서 QT하면서 받은 은혜를 나누는 것입니다.(이런 'QT 나눔 모임'이 있다면, 그것은 아주 큰 영적인 축복입니다.)

   (1) Press 방법에서 '나눔'에 해당하는 것을 써 봅시다. 이 방법에 비추어 볼 때 나눔이란 무엇입니까?

   (2) 빌립보서 4:4-9을 가지고 QT한 것을 나누어 봅시다.

   (3) 여호수아 17:14-18을 가지고 QT한 것을 나누어 봅시다.

   (4) 시편 62:1-12을 가지고 QT한 것을 나누어 봅시다.

   (5) 누가복음 16:19-31을 가지고 QT한 것을 나누어 봅시다.

   (6) 스가랴 14:16-21을 가지고 QT한 것을 나누어 봅시다.

   (7) 요한복음 20:19-23을 가지고 QT한 것을 나누어 봅시다.

   (8) 요한복음 20:24-29을 가지고 QT한 것을 나누어 봅시다.

4. **'나눔의 제4단계'는 '사역'입니다.** 하나님과 교제가 깊어지고 하나님의 마음을 갖게 되면, 자연스럽게 '사역'이 시작됩니다(벧전 2:9). QT를 통해 받은 은혜를 가지고 다른 사람을 영적으로 도와주는 것입니다.

> **Tip** 고린도전서 14:3 말씀을 찾아 읽어 봅시다. 예언하는 자가 하는 사역의 특성 세 가지는 무엇입니까? 여기서 나오는 '예언의 은사'를 받은 사람이 하는 사역이 QT하는 사람이 하는 사역 가운데 하나라고도 말할 수 있습니다. QT는 우리에게 보여 주신 하나님의 마음(계시)이기 때문입니다. 말씀을 통한 사역 외에도 많은 사역의 영역으로 확장해 갈 수 있습니다. QT를 하면서 사역을 감당하는 모든 것이 '나눔'입니다.

5. **나눔의 계획을 이야기해 봅시다.**

   (1) 자신이 QT를 통해서 특히 변해야 될 점은 무엇인지 이야기해 봅시다. (나눔의 제 2단계)

   (2) QT 나눔을 위한 모임이 있는지 이야기해 봅시다.

   (3) 사역의 계획이 있다면 나누어 봅시다.

§확인

1. 나눔의 4단계를 써 봅시다.

   (1) 제1단계 :

   (2) 제2단계 :

   (3) 제3단계 :

   (4) 제4단계 :

2. 나눔의 제2단계는 변화된 삶입니다. 구체적인 변화의 내용 세 가지를 써 봅시다.

   (1) (   )를 회복한다.

   (2) 자신의 (   )이 (   )받는다.

   (3) (   )이 변한다.

   지금까지 공부한 것을 토대로 한 주간 동안 매일 QT해 봅시다. 단, 여기서 꼭 기억해야 할 것은 QT란 어떤 기계적인 방법에 의해서 되는 것이 아니라는 것입니다. '하나님과의 교제'라는 대원칙에 충실한 상태에서 자신이 가장 편하고 감동스러우며 효과적인 방법으로 하면 됩니다. 지금까지 공부한 것은 저 바닥에 보이지 않게 깔려 있어도 좋습니다. 틀을 잡아 주는 밑그림이라고나 할까요? 자, 기도하고 힘 있게 나갑시다!

quiet time for beautiful life

7
QT 실습

다음 QT 교재에 따라
한 주간 동안 QT해 봅시다.

A 타입 : QT실습 1

하나님께서는 우리와 함께하시며 우리의 행실을 변화시키십니다.

평강의 하나님

- **오늘의 말씀** 빌립보서 4:1-9

"그리하면 모든 지각에 뛰어난 하나님의 평강이 그리스도 예수 안에서 너희 마음과 생각을 지키시리라"(7절)

주 안에서 하나 됨(1-3절)

사도 바울은 감옥에 갇혀 있었고 사형당할지도 모르는 어려움에 처해 있었지만 오히려 자신보다 빌립보 교회를 염려하였습니다. 그는 유오디아와 순두게에게 화해하라고 하면서 "이 두 여인은 잘못이 많은 자이니 상종하지 말라."라고 하지 않고 "이 여인들은 복음에 나와 함께 힘썼다."라고 하면서 이 편지를 받는 사람들에게 유오디아와 순두게를 도와주도록 부탁하였습니다. 우리는 문제를 일으키는 사람들을 용납하고 세워 주는 것을 배워야 합니다. 예수님께서 나를 용서해 주심을 잊지 마십시오. 예수님께서는 우리가 서로 깨어진 관계를 회복하기 원하십니다.
오늘 내가 화해해야 할 사람은 없습니까?

주 안에서 기뻐함(4-9절)

주님께서는 끔찍한 어려움 가운데서도 항상 우리와 함께하십니다. 그래서 우리는 언제라도 기도를 통해 그분을 의지할 수 있습니다. 우리는 그분 때문에 어려운 상황 속에서도 감사할 수 있습니다. 우리가 이 일을 행할 때 주님은 우리의 행실을 변화시키시고, 우리 마음에 세상이 이해할 수 없는 기쁨과 평화를 가득 채워주실 것입니다. 그런데 우리는 어려움에 직면하게 될 때 자주 그 어려움에만 집중하고 걱정하면서 주님이 우리와 함께하심을 잊을 때가 많습니다. 그래서 바울은 옳고 순결한 모든 것에 우리의 마음을 쏟으라고 권고합니다(8절).
나는 주 안에서 기뻐하고 있습니까? 주를 떠나 있는 자는 결코 영원한 기쁨이 있을 수 없습니다.

- 오늘의 말씀과 제목

- 오늘의 말씀 요약

- 나에게 주시는 말씀

- 적용과 기도

A 타입 : QT실습 2

여호수아는 작은 기업을 받았다고 불평하는 요셉 자손에게 이미 얻은 땅을 개척하도록 명령하였습니다.

스스로 개척하라

• **오늘의 말씀** 여호수아 17:14-18

"그 산지도 네 것이 되리니 비록 삼림이라도 네가 개척하라 그 끝까지 네 것이 되리라 가나안 족속이 비록 철 병거를 가졌고 강할지라도 네가 능히 그를 쫓아내리라 하였더라"(18절)

받은 분깃이 적다고 불평함(14절)

요셉 자손(에브라임 지파와 므낫세 반지파)은 여호수아에게 작은 몫의 땅을 기업으로 받았다고 불평했습니다. 그들이 가진 불평의 원인은 그들이 큰 민족이라고 생각하는 것에서 시작되었습니다. 하나님의 자녀들인 우리는 자신의 위치와 역량에 비해 하나님께서 주신 은혜의 범위(삶의 내용, 봉사의 영역과 기회 등)가 작다고 불만을 품는 경우가 종종 있습니다. 그러나 사실은 하나님의 은혜가 작은 것이 아니라 내가 그 은혜를 온전히 누리지 못하는 데 불만의 원인이 있습니다. 내가 스스로 큰 자라고 생각할 때 하나님의 은혜를 작게 여길 수 있습니다. 우리는 하나님이 주신 은혜의 범위에서 최선의 삶을 살 때 만족한 삶을 살 수 있습니다.
현재 나는 불만과 만족, 어느 쪽에 더 가까이 있습니까?

스스로 개척하라(15-18절)

요셉의 자손은 사실 넓은 땅을 기업으로 받았습니다. 지도를 보면 가나안 중부가 다 그들의 땅이었습니다. 다만 쓸만한 땅, 확보한 땅이 적었을 뿐입니다. 삼림과 골짜기로 이루어진 땅이 대부분이었는데 골짜기에는 철 병거를 가진 가나안 족속이 살고 있었습니다. 여호수아는 그들에게 산지를 개척하고 가나안 사람들을 쫓아내라고 명령했습니다. 그리고 그들이 능히 가나안 사람들을 이길 것이라고 격려했습니다. 내가 차지하지 못하고 누리지 못한 것이 문제인 것이지, 결코 하나님의 은혜가 작은 것이 아닙니다. 믿음을 가지고 내 생활 곳곳에 있는 죄악의 세력을 몰아낼 때 하나님이 주신 기업의 풍성함을 깨닫게 됩니다. 가나안의 풍성함은 이미 받은 기업을 스스로 개척하는 자, 스스로 확보하는 자에게 임합니다.
나는 영적 생활을 능동적으로, 즐거운 마음으로 이루어 가고 있습니까?

• 오늘의 말씀과 제목

_____
_____
_____

• 오늘의 말씀 요약

_____
_____
_____

• 나에게 주시는 말씀

_____
_____
_____

• 적용과 기도

_____
_____
_____
_____

A 타입 : QT실습 3

우리는 어려울 때에 하나님만 의지해야 합니다.

하나님만 바라라

- **오늘의 말씀** 시편 62:1-12

"나의 영혼이 잠잠히 하나님만 바람이여 나의 구원이 그에게서 나오는도다"(1절)

안식을 찾음(1-8절)

다윗은 자신을 왕좌에서 몰아내려는 사람들에게 쫓기던 때에 이 시편을 썼습니다. 비록 적들이 자기 앞에서는 입에 발린 말을 하지만, 다윗은 그들의 흉계를 간파하고 있었습니다(4절). 다윗은 많은 역경의 날들을 통해, 특히 사울에게 쫓기던 날들을 통해서 오직 하나님 한 분만이 자신이 의지할 분이라는 것을 배웠습니다. 하나님만이 그의 구원이 되셨습니다. 다윗은 그 경험을 영감의 말로 바꾸어 다른 사람들도 격려하였습니다(8절). 가끔씩 하나님께서 우리로 하여금 역경의 때를 지나게 하실 때가 있습니다. 하나님께서는 우리가 그 과정을 통하여 믿음을 더욱 굳건히 세울 뿐 아니라 다른 사람들도 돌아보고 도와주는 넉넉한 마음을 갖기를 원하십니다.
나는 어려움을 당하고 있는 사람들에게 하나님의 말씀으로 격려하고 있습니까?

하나님의 보상(9-12절)

다윗이 역경 중에서도 마음의 평안을 누릴 수 있었던 까닭은 그가 영원의 관점에서 삶을 바라보았기 때문입니다. 지금은 악한 자들이 잘 되는 것 같지만 그것은 잠시 잠깐이고, 어느 날엔가 그들의 재물이 사라질 것을 다윗은 알고 있었습니다. 하나님께서는 행한 대로 갚으시는 분이라는 것을 알았습니다. 오늘날에도 부유한 자들, 불경건한 자들이 세상의 모든 권세를 쥐고 있는 것처럼 보일 때가 있습니다. 그러나 궁극적으로 하나님께서 그 권능을 나타내시고 그분의 인자하심을 그 백성에게 나타내 보이실 것입니다(11-12절).
나는 지식이나 직업, 돈을 의지하지 않습니까? 영원토록 갚아 주시는 하나님을 의지하십시오.

- 오늘의 말씀과 제목

- 오늘의 말씀 요약

- 나에게 주시는 말씀

- 적용과 기도

A 타입 : QT실습 4

하나님께서는 우리가 그분을 인정하고 의지하며 살기를 원하십니다.

믿고 의지하라

- **오늘의 말씀** 누가복음 16:16-31

"이르되 모세와 선지자들에게 듣지 아니하면 비록 죽은 자 가운데서 살아나는 자가 있을지라도 권함을 받지 아니하리라 하였다 하시니라"(31절)

복음을 믿으라(16-18절)

세례 요한이 천국이 가까웠다고 광야에서 외치기 전까지, 사람들이 가지고 있던 유일한 복음은 구약 성경에 나와 있는 것이었습니다. 그런데 구약 성경의 복음은 세례 요한, 예수님, 바울이 주장한 신약 성경의 복음과 같습니다. 복음은 결코 변하지 않았습니다. 다만 신약 성경 시대에 와서 이해하기 더 쉬워졌을 뿐이지요. 하나님께서는 복음을 변경하지 않았습니다. 하나님께서는 결코 그분의 율법을 변경하지 않으실 것입니다. 하나님의 말씀을 한 획이라도 변경하는 것보다 천지를 없어지게 하는 것이 더 쉽다고 예수님께서 말씀하시고 계십니다(17절). 예수님께서는 어린 시절에 말씀을 잘 알고 율법학자들과 대화하셨습니다.
나는 얼마나 하나님의 말씀을 사랑하고 알고 있습니까?

지금 결정하라(19-31절)

부자는 자신이 지옥에 온 이유가 부유함 때문이 아니라 복음을 믿고 회개하는 것을 거절했기 때문이라는 점을 깨달았습니다. 부자의 가장 큰 비극은 이 땅에 사는 동안 주님이 필요하지 않았다는 것입니다. 나사로가 마침내 천국에 간 이유도 그의 고통과 가난 때문이 아니라 그가 회개하고 복음을 믿었기 때문입니다. 두 가지 가르침이 이 비유에서 분명히 드러나고 있습니다. 우리의 영원한 운명은 우리가 이 세상에서 살면서 복음을 믿느냐 믿지 않느냐에 따라 결정되어질 것입니다. 죽은 후에는 이 운명이 바뀔 수 없습니다(31절). 우리는 때때로 세상이 주는 즐거움 때문에 하나님을 잊고 살지는 않습니까? 주님의 도움이 필요 없어 보이는 사람은 세상에서는 부유해 보여도 사실상 가장 불쌍한 사람입니다.
나는 매 순간 하나님의 도움을 구하며 살고 있습니까?

• 오늘의 말씀과 제목

_____
_____
_____

• 오늘의 말씀 요약

_____
_____
_____

• 나에게 주시는 말씀

_____
_____
_____

• 적용과 기도

_____
_____
_____
_____

B 타입 : QT실습 1

평강의 하나님

• **오늘의 말씀** 빌립보서 4:1-9

1 그러므로 나의 사랑하고 사모하는 형제들, 나의 기쁨이요 면류관인 사랑하는 자들아 이와 같이 주 안에 서라
2 내가 유오디아를 권하고 순두게를 권하노니 주 안에서 같은 마음을 품으라
3 또 참으로 나와 멍에를 같이한 네게 구하노니 복음에 나와 함께 힘쓰던 저 여인들을 돕고 또한 글레멘드와 그 외에 나의 동역자들을 도우라 그 이름들이 생명책에 있느니라
4 주 안에서 항상 기뻐하라 내가 다시 말하노니 기뻐하라
5 너희 관용을 모든 사람에게 알게 하라 주께서 가까우시니라
6 아무 것도 염려하지 말고 다만 모든 일에 기도와 간구로, 너희 구할 것을 감사함으로 하나님께 아뢰라
7 그리하면 모든 지각에 뛰어난 하나님의 평강이 그리스도 예수 안에서 너희 마음과 생각을 지키시리라
8 끝으로 형제들아 무엇에든지 참되며 무엇에든지 경건하며 무엇에든지 옳으며 무엇에든지 정결하며 무엇에든지 사랑

받을 만하며 무엇에든지 칭찬 받을 만하며 무슨 덕이 있든지 무슨 기림이 있든지 이것들을 생각하라
9 너희는 내게 배우고 받고 듣고 본 바를 행하라 그리하면 평강의 하나님이 너희와 함께 계시리라

B 타입 : QT실습 2

스스로 개척하라

오늘의 말씀 여호수아 17:14-18

14 요셉 자손이 여호수아에게 말하여 이르되 여호와께서 지금까지 내게 복을 주시므로 내가 큰 민족이 되었거늘 당신이 나의 기업을 위하여 한 제비, 한 분깃으로만 내게 주심은 어찌함이니이까 하니
15 여호수아가 그들에게 이르되 네가 큰 민족이 되므로 에브라임 산지가 네게 너무 좁을진대 브리스 족속과 르바임 족속의 땅 삼림에 올라가서 스스로 개척하라 하니라
16 요셉 자손이 이르되 그 산지는 우리에게 넉넉하지도 못하고 골짜기 땅에 거주하는 모든 가나안 족속에게는 벧 스안과 그 마을들에 거주하는 자이든지 이스르엘 골짜기에 거주하는 자이든지 다 철 병거가 있나이다 하니
17 여호수아가 다시 요셉의 족속 곧 에브라임과 므낫세에게 말하여 이르되 너는 큰 민족이요 큰 권능이 있은즉 한 분깃만 가질 것이 아니라
18 그 산지도 네 것이 되리니 비록 삼림이라도 네가 개척하라 그 끝까지 네 것이

되리라 가나안 족속이 비록 철 병거를
가졌고 강할지라도 네가 능히 그를 쫓
아내리라 하였더라

B 타입 : QT실습 3

하나님만 바라라

오늘의 말씀 시편 62:1-12

1 나의 영혼이 잠잠히 하나님만 바람이여 나의 구원이 그에게서 나오는도다
2 오직 그만이 나의 반석이시요 나의 구원이시요 나의 요새이시니 내가 크게 흔들리지 아니하리로다
3 넘어지는 담과 흔들리는 울타리 같이 사람을 죽이려고 너희가 일제히 공격하기를 언제까지 하려느냐
4 그들이 그를 그의 높은 자리에서 떨어뜨리기만 꾀하고 거짓을 즐겨 하니 입으로는 축복이요 속으로는 저주로다 (셀라)
5 나의 영혼아 잠잠히 하나님만 바라라 무릇 나의 소망이 그로부터 나오는도다
6 오직 그만이 나의 반석이시요 나의 구원이시요 나의 요새이시니 내가 흔들리지 아니하리로다
7 나의 구원과 영광이 하나님께 있음이여 내 힘의 반석과 피난처도 하나님께 있도다
8 백성들아 시시로 그를 의지하고 그의 앞에 마음을 토하라 하나님은 우리의 피난처시로다 (셀라)

9 아, 슬프도다 사람은 입김이며 인생도 속임수이니 저울에 달면 그들은 입김보다 가벼우리로다
10 포악을 의지하지 말며 탈취한 것으로 허망하여지지 말며 재물이 늘어도 거기에 마음을 두지 말지어다
11 하나님이 한두 번 하신 말씀을 내가 들었나니 권능은 하나님께 속하였다 하셨도다
12 주여 인자함은 주께 속하오니 주께서 각 사람이 행한 대로 갚으심이니이다

Memo

quiet time for beautiful life

부록

QT 훈련 모델
습관적인 QT에 빠졌을 때

〈QT 훈련 모델 1〉

• **본문**

빌립보서 4:1-9

• **묵상을 위한 질문**

1) 바울은 왜 기뻐해야 할 것을 강조해서 말하는가?
2) 주께서 가깝다고 하는 의미는 무엇일까?
3) 그들은 무엇을 염려하고 있었는가?
4) 왜 염려하게 되었고 기뻐하지 못했을까?
5) "주 안에서, 그리스도 예수 안에서"라는 것은 어떤 상태를 말하는가?
6) 모든 사람에게 알게 해야 할 관용은 무엇일까?

• **질문에 대한 대답**

바울이 기뻐하라고 강조한 것은 박해가 심한 상황이나 자신이 투옥된 것에 대해 염려를 하고 있은 것 같다. 기도와 간구가 없고 감사함이 없으면 주 안에 있지 못하고 염려가 생기고 평강을 잃게 된다.

• **나에게 주시는 말씀**

6절 : 아무것도 염려하지 말고 다만 모든 일에 기도와 간구로 너희 구할 것을 감사함으로 하나님께 아뢰라

• 적용

상황만을 보면 감사와 기쁨을 잃게 된다는 것을 말씀을 통해 지적해 주신다. 생각은 할수록 염려가 되었고, 상대적으로 기도는 줄어들었다. 자녀 혼수 준비 문제, 이사 문제, 사역원의 일 등을 염려만 하고 기도하지 못했고 따라서 평강도 잃어버렸다. 말씀을 통해 염려하지 말고 기도하라고 하신다. 감사하라고 하시며 기뻐하라고 말씀하신다. 나의 마음과 생각을 지키실 하나님의 평강을 나에게 주실 것을 약속하신다.

주님, 기도하지 못한 것을 회개합니다. 주 안에 있지 못해서 평강이 없었습니다. 하나님, 나의 상태를 보게 하셔서 감사합니다. 다시 무릎 꿇고 기도하겠습니다.

〈QT 훈련 모델 2〉

• **본문**

여호수아 17:14-18

• **묵상을 위한 질문**

1) 요셉 자손은 어떻게 큰 민족이 될 수 있었나?
2) 여호수아는 왜 스스로 땅을 개척하라고 했을까?
3) 요셉 자손이 주변 환경을 바라본 후 어떤 말을 했나?
4) 여호수아는 어떻게 "네가 능히 쫓아내리라"는 확신에 찬 말을 할 수 있었나?

• **질문에 대한 대답**

요셉 자손은 큰 민족이 된 원인을 여호와로 인한 것임을 알고 있으나 분배받은 기업에 대해서는 불평하고 있다. 이에 대해 여호수아는 스스로 땅을 개척할 것을 명령한다. 맡겨진 달란트를 땅에 묻어 놓고 주인을 오해했던 한 달란트 받았던 자처럼 요셉 자손은 환경을 바라보며 불평하고 있다. 여호수아는 요셉 자손이 가나안 족속들을 기필코 쫓아낼 수 있으리라 확신을 불어넣어 주었다. 여호수아의 답변을 통해 영원한 기업을 약속받은 성도들의 자세가 어떠해야 할 것인가를 깨닫게 해 준다.

• **나에게 주시는 말씀**

18절 : 가나안 족속이 비록 철 병거를 가졌고 강할지라도 네가 능히 그를 쫓
　　　 아내리라

• **적용**

요셉 자손처럼 영원한 기업을 약속받은 성도들의 자세가 어떠해야 할지 알게 해 준다. 여호수아가 여호와의 약속을 붙잡고 연약해져 있는 요셉 자손을 위로하고 격려해 주는 것을 보게 된다.

하나님, 여호수아처럼 주변의 환경보다는 하나님의 약속을 먼저 바라보고 생각하는 습관을 가지도록 나의 상태를 보게 하셔서 감사합니다. 하나님의 약속을 바라보고 붙잡기 이전에, 환경을 먼저 바라보고 낙심했던 저의 모습을 보게 해 주셔서 감사합니다. 오늘 주신 말씀을 통하여 여호수아처럼 우선 순위의 문제를 회복하고 매사에 성령의 인도하심을 구하여 말씀을 붙잡고 순종하게 하옵소서.

〈QT 훈련 모델 3〉

• 본문

시편 62:1-12

• 묵상을 위한 질문

1) 잠잠히 하나님만 바란다는 말이 무엇인가?

2) 나는 하나님뿐 아니라 사람에게도 겉과 속이 같은가?

3) 오직 하나님 때문에 나는 요동하지 않는가?

4) 왜 나는 시시로 하나님을 의뢰하지 못하는가?

5) 나는 하나님 앞에 겸손한가?

6) 내가 타인의 구설수에 오른다면 나는 어떤 반응을 보일까?

• 질문에 대한 대답

시편 62편은 1-4절과 5-12절의 두 단락으로 구분되어 있으며 같은 형식의 반복을 통해 강한 강조의 성향을 띠고 있다. 즉, 신앙생활에서 일어날 수 있는 문제를 잠잠히 하나님과의 사이에서 해결하라는 것이다. 때론 자신이 남보다 잘났다는 교만과 다른 사람에 대한 오해, 타인의 오해로 인하여 큰소리와 판단과 시험이 찾아오게 된다. 이럴 때 다윗은 자신을 대변하는 것보다 하나님 앞에서 잠잠히 구원을 바라며 하나님을 묵상하라는 것이다.

• **나에게 주시는 말씀**

8절 : 백성들아 시시로 그를 의지하고 그의 앞에 마음을 토하라 하나님은 우리의 피난처시로다

• **적용**

여러 사람이 함께 어우러져 사역하는 나는 사람을 통해 마음 상태가 쉽게 변화되기 쉽다. 칭찬을 받으면 금세 모든 사람의 인정을 독차지하는 것 같고, 핀잔을 받으면 그날은 하루 종일 온몸에 힘이 빠져 저기압 상태에 빠져 있던 것이 사실이다. 사람 사이에 일어나는 갈등 문제도 마찬가지이다. 잠잠히 하나님과 나와의 관계를 회복해서 그 문제를 해결하기보다는, 다른 사람의 위로의 말에 귀가 솔깃했고 경솔하게 판단했다. 상대를 정죄하는 것에 동조해 주었으며 잠잠하지 못했고 이 사람 저 사람 귀동냥을 하러 다녔다. 그러나 하나님은 오늘 본문을 통해 오직 하나님을 잠잠히 바라보고 내 문제를 시시로 토하는 것을 통해 문제가 해결된다는 사실을 알려 주셨다. 주님! 허공에 외치는 열 마디의 말보다 한 마디의 기도의 강함을 알게 하시고, 열 사람의 인정을 받기보다 오직 주님의 사랑을 확신하게 하옵소서. 내 삶 가운데 일어나는 문제를 다른 사람이 아닌 하나님과의 사이에서 해결할 것을 결단합니다.

〈QT 훈련 모델 4〉

• **본문**

누가복음 16:19-31

• **묵상을 위한 질문**

1) 부자의 이름은 없고 거지인 '나사로'의 이름만 기록된 이유는 무엇일까?
2) 부자와 나사로의 관계는 어떠했을까?
3) 부자는 왜 나사로를 보내어 물을 달라고 했을까?
4) 불꽃 가운데에서 부자가 고민한 것은 무엇일까?
5) 천국과 지옥에는 큰 구렁이 있어서 왕래는 못하지만 보이게 하시는 하나님의 의도는 무엇일까?
6) 부자가 가족들의 구원을 위해 나사로를 보내 주기를 요청한 이유는 무엇일까?
7) 하나님께서는 왜 부자의 요청을 거절하셨을까?

• **질문에 대한 대답**

천국으로 간 사람의 이름은 하나님께서 기억하시지만 지옥으로 간 사람은 그 죄만이 기억되는 것 같다. 하나님께서 죄에 대한 회개를 원하시기에 지옥과 천국이 보이게 하셨고, 천국 간 자들의 모습을 보여 주심으로 그 본을 항상 보여 주시는 것 같다. 부자는 하나님 품 안에서 위로를 받는 나사로를 보면서 자신이 그에게 행했던 죄를 생각하면서 지옥 불꽃 가운데서 회개하지만 이미 때가 늦었다는 것을 깨닫는다. 그리고 나사로를 멸시하고 조롱하던 아버지와 형제들만은 구원받기를 원하여 그들에게 나사로를 보내 달라고 요청하였던 것 같다. 그러나 하나님께서 거절하신다. 모세나 선지자들을 통해 선포되는 하나님의 말씀을 믿지 못하는 자가 어찌 나사로를 보낸다 하여 믿을 수 있느냐 하시며 천국으로 오는 자들은 선택된 자임을 말씀하시는 것 같다. 하나님께서 내게 들려주시는 강한 경고의 메시지 같다.
나사로의 모습은 아마도 예수님이 아닐까?

- **나에게 주시는 말씀**

20절 : 나사로라 이름하는 한 거지가 헌데 투성이로 그의 대문 앞에 버려진 채

- **적용**

하나님께서는 나뿐만 아니라 내 주변에 있는 모든 사람들이 주 안에서 성결하길 바라시고 회개하는 삶을 살기를 바라실 것이다. 천국에 가기 위해서 죄를 안 짓는 것이 아니라 선한 행동으로 말미암아 하나님께서 베풀어 주시는 위안과 칭찬을 받기를 진정으로 원하시는 것 같다.
사랑하는 하나님! 지난날 저의 믿지 못한 죄, 깨닫지 못한 죄를 용서하여 주세요. 모든 것이 저의 교만에서 비롯된 것을 고백합니다. 다른 사람들을 정죄했던 저의 마음과 다른 사람들에게 좀 더 관심을 갖지 못한 제 모습을 용서해 주세요. 좀 더 적극적으로 화해와 평화의 도구가 되겠습니다.

〈QT 훈련 모델 5〉

• 본문

스가랴 14:16-21

• 묵상을 위한 질문

1) "예루살렘을 치러 왔던 이방 나라들 중에 남은 자"는 누구인가?
2) 왜 이스라엘 백성이 아닌 이방 나라에 초막절을 지키라고 하시는가?
3) 초막절을 지키지 아니하는 이방 사람을 치시는 재앙은 어떤 것인가?
4) "그날에는"의 그날은 언제를 말하는가?
5) 어떻게 제사장의 장식에만 쓸 수 있는 여호와께 성결이라 기록되는 것이 말방울에까지 기록될 수 있을까?

• 묵상에 대한 대답

하나님의 백성인 이스라엘 백성만 지키던 초막절을 이스라엘을 치러 왔던 이방인들도 지키게 된다는 것은 이제 이스라엘 민족만이 아니라 모든 이방 나라의 사람이 하나님의 백성이 된다는 복음이다. 복음이 땅끝까지 퍼져나가 이방인들도 구원받게 되고 하나님께 예배하게 되는 날을 보게 된다.

• 나에게 주시는 말씀

16절 : 이방 나라들 중에 남은 자가 해마다 올라와서 그 왕 만군의 여호와께 경배하며 초막절을 지킬 것이라

• **적용**

이방 나라의 남은 자였던 내가 이스라엘 백성만 드리던 예배를 드리게 되었다. 이 스갸라서의 예언은 이제 나에게 응했다. 그 복음이 나에게 임했고 세상 속에 속했던 이방인인 내가 이제 하나님의 백성이 되어 이 초막절을 지키게 되었다. 이 성결이 내 안에 늘 유지되도록 나의 삶의 정리가 있어야겠다. 주변 정리부터 깨끗하게 하자. 구원받은 자로서 나의 삶, 생각, 행동이 모두 아버지 하나님 앞에 깨끗하고 정직하기를 원합니다.

〈QT 훈련 모델 6〉

• **본문**

요한복음 20:19-23

• **묵상을 위한 질문**

1) 제자들은 왜 유대인들을 두려워하였는가?
2) 예수님은 문이 닫혔는데 어떻게 들어오셨을까?
3) 말씀을 하시고 손과 옆구리를 왜 또 보이셨을까?
4) 예수님께서 첫 번째 하신 말씀의 의미는 무엇인가?(21절)
5) 제자들에게 성령을 주신 이유는 무엇일까?
6) 하나님만이 죄사함의 특권이 있는데 여기서 말하는 죄사함의 권한은 무엇인가?

• **질문에 대한 대답**

주님을 떠난 제자들은 두려울 수밖에 없다. 그래서 부활하신 주님이 오셔서 제일 먼저 주시는 축복은 평강이다. 말씀만으로는 믿지 않는 불신앙의 체질을 아시고 실제적으로 보여 주시는 친절하신 예수님이 우리 안에 오신 내적 증거는 평강이며, 외적 사명은 복음 전파이다. 복음을 담대히 전하기 위해서 성령은 절대적으로 필요하다. 성령받고 복음을 전하여 죄 가운데 있는 인간들을 구원하라는 뜻을 깨달았다.

• **나에게 주시는 말씀**

21절 : 너희에게 평강이 있을지어다

• **적용**

동창회에 나오라는 연락을 받고 마침 시간이 있어서 참석하였다. 오랜만에 만난 친구들과 자녀 이야기, 세상 이야기, 건강의 비결 등 여러 가지 대화들을 나누다가 마침내 종교적인 대화를 나누게 되었다. 예수를 꼭 믿으라고 권면하는 내 첫마디에 몇몇 친구들이 그런 시시한 얘기하지 말라고 일축하는 바람에 나도 모르게 입이 다물어지고 분위기가 약간 이상해지다가 헤어져 집에 돌아오게 되었다. 헤어진 후 그때부터 가슴이 두근거리고 마음이 편하지 않았다. 듣든지 말든지 계속 복음을 전할 것을 그냥 뒤로 물러선 것이 후회스럽기도 하고, 또 한편으로는 괜히 복음을 전하다가 분위기마저 흐리게 했다 싶어 마음의 갈등을 느끼는 가운데 오늘의 말씀을 접하게 되었다. 내 마음에 평화가 없는 것이 주님을 기쁘게 하지 않는다는 것과, 믿지 않는 영혼들에게 담대히 복음을 전하여 그들을 죄 가운데에서 건지는 것이 성령을 받은 내가 할 본분임을 깨닫고 회개했다.

〈QT 훈련 모델 7〉

• **본문**

요한복음 20:24-29

• **묵상을 위한 질문**

1) 도마는 왜 제자들과 함께 있지 않았을까?
2) 도마는 왜 자신이 직접 확인하기 전에는 믿지 않겠다는 말을 할 수밖에 없었을까?
3) 도마는 의심하면서도 왜 제자들과 함께 있었을까?
4) 도마가 있을 때에 예수님이 다시 오신 이유는 무엇일까?
5) 도마가 예수를 다시 만날 수 있었던 이유는 무엇일까?
6) 의심이 많았던 도마가 예수님을 보자마자 '나의 주님'이라고 고백할 수 있었던 이유는 무엇일까?

• **질문에 대한 대답**

예수님이 돌아가시자 도마는 자신의 믿음에 회의가 생기고 실망과 두려움으로 고통스러워 하고 있었을 것이다. 그는 혼자 있는 동안 믿음을 잃어버리고 그의 감정과 이성이 세상적인 경향으로 이미 가고 있었던 것이 분명하다. 그와 반대로 실망과 두려운 마음을 가지고 있으면서도 함께 모여 있었던 제자들은 부활하신 예수님을 만날 수가 있었다.

• 나에게 주시는 말씀

24절 : 도마는 예수께서 오셨을 때에 함께 있지 아니한지라

• 적용

 나는 교회 공동체 안에서 상처를 받고 영적으로 힘이 들 때면 그 공동체에 섞이기를 거부하고 혼자 고립되어 있곤 했다. 사람들을 피하고 혼자 고립되어 있었을 때에는 영적 회복이 쉽지 않았으며 나도 모르게 믿음을 잃어 가고 부정적인 생각들이 나를 지배하는 것을 느꼈다. 도마를 보면서 믿음의 공동체의 영적 영향력과 중요성을 더욱 깊이 깨닫는다. 힘이 들수록, 상처를 받을수록 피하지 않고 그 사람들 속으로 들어갈 것이다. 그것만이 내가 사는 길이고 하나님의 은혜를 더욱 깊이 체험하는 길이리라.

아버지 하나님!
믿음의 공동체 안에 있는 것이 얼마나 소중하고 감사한 일인지요. 제가 공동체 안에서 상처를 받아 힘이 들더라도 결코 피하지 않겠습니다. 믿음의 공동체 안에서 치유하시는 하나님의 은혜를 더 깊이 체험하며 주님을 더욱 더 사랑하기를 원합니다.

| 습관적인 QT에 빠졌을 때 |

도와주세요!
틀에 박혀 있습니다.

QT가 지루하십니까? 성경을 펴면서도 다른 생각에 빠져 있는 자신을 발견하지는 않습니까? 'QT를 하는 것보다는 좀 더 자는 것이 더 낫겠다.'라고 생각하며 울리는 자명종을 꺼 버린 적은 없습니까?

어느 날 아침, 저는 동일한 본문을 네 번이나 읽었음에도 불구하고 읽는 속도보다 더 빨리 잊어버리고는 성경을 탁 덮어 버린 적도 있습니다. 도대체 구절구절이 나를 향해 말씀하시던 그런 날들이 까마득하고, 하나님의 음성을 듣는다는 기대에 눈을 번쩍 뜨고 침대를 내려오던 때의 이야기는 전설과도 같았습니다. 왜 지금 나는 아버지 하나님의 신실하심 대신에 멍청하게 슬리퍼 구멍만 묵상하고 있는 것일까?

'주님, 도와주세요!' 저는 부르짖었습니다. '저는 지금 습관적 QT에 빠져 있습니다. 중증입니다. 어떻게 하면 제가 주님을 향한 열정을 되찾을 수 있을까요?' 저는 즉각적인 응답은 기대하지 않았습니다.

그러나 기대하지도 않게 즉시 응답을 받았습니다. 분명하고 조용하게 하나님께서는 제 마음에 한 단어를 말씀하셨습니다.

"예수!"

예수? 저의 구세주? 아니, 그것은 제가 이미 알고 있는 것 아닙니까? 뭐 잘못됐나요? 마태복음 7:22-23을 보면, 예수님께서는 주님을 안다고 주장하는 많은 자들이 사실은 어리석은 자들이라고 말씀하고 계십니다.

"그날에 많은 사람들이 나더러 이르되 주여 주여 우리가 주의 이름으로 선지자 노릇 하며 주의 이름으로 귀신을 쫓아내며 주의 이름으로 많은 권능을 행하지 아니하였나이까 하리니 그때에 내가 그들에게 밝히 말하되 내가 너희를 도무지 알지 못하니 불법을 행하는 자들아 내게서 떠나가라 하니라."

빌립은 매일 주님과 동행한 사람이었습니다. 그는 주님과 대화하고, 함께 먹고, 주님의 놀라운 능력을 목격한 사람이었습니다. 그러나 주님은 그에게 이렇게 말하지 않으셨습니까?

"빌립아, 내가 이렇게 오래 너희와 함께 있으되 네가 나를 알지 못하느냐?"

저는 매일 하나님과 교제하는 조용한 시간을 갖고 하나님 말씀을 읽는 QT 훈련이야말로 영적 성장을 위해서 필수적인 것이라고 확신합니다. 그러나 과거에 저는 QT란 '일정한 길이의 시간에 어떤 행위를 하는 것'이라는 잘못된 생각에 빠져 있었습니다. 저는 과정(QT하는 시간)에 집중한 나머지 인격(예수님)과의 만남이라는 시각을 잃어버렸습니다.

토저(A.W.Tozor)는 「The Pursuit of God」에서 다음과 같이 말했습니다. "그간 모든 신앙적인 회심을 처리하는 방식은 모두 기계적이었고 영적이지 못했다. 우리는 하나님은 인격적인 분이고 사람과 교제하듯이 교제할 수 있는 분이라는 사실을 거의 잊어 왔다."

그동안 예수님과 저의 관계가 너무나 피상적이었다는 것을 인정할 수밖에 없습니다. 주님과 좀 더 깊은 관계를 맺기 위해서는 다양한 환경 속에서 주님과 동행하고 교제하고 주님을 기뻐하는 것이 제게 필요합니다. 그래서 저는 주님의 얼굴을 바라보면서 다음의 질문을 했습니다.

"예수님, 차 한 잔 마시러 저와 함께 가시지 않으시겠어요?"

이것은 바로 예수님 안에 거하는 것의 시작입니다. 순간 순간마다 너무나 귀하신 나의 친구되신 구세주 예수님과 친밀한 교제를 나누는 것입니다.

저의 QT는 점차 달라지기 시작했습니다. 저는 예수님과 몇 시간 동안 동네를 걸어다니면서 이웃들을 위해 기도하기도 합니다. 때로는 아버지 하나님께 약 15분 동안 찬양을 드리기도 합니다. 저는 예수님께서 어떻게 아버지 하나님과 함께 시간을 보내셨는지를 관찰하면서 창조적인 QT를 배웠습니다.

예수님은 동산에서(막 14:32-39), 광야에서(눅 4:1-2), 심지어 십자가 위에서(눅 23:34)까지 QT를 하셨습니다. 예수님은 새벽 미명에(막 1:35), 밤이 맞도록(눅 6:12), 무덤에서(요 11:41-42), 오천 명을 먹이신 오병이어의 사건에서도(막 8:6) 하나님과 대화를 나누셨습니다.

예수님은 때때로 홀로, 제자들과 함께 하나님과 교제를 나누셨습니다. 예수님은 분노와(요 17장), 신명이 난 환희의 감정도(눅 10:17-21) QT에 표현하셨습니다.

한 가지 확실한 사실은 예수님께서는 진정으로 아버지 하나님을 아셨다는 점입니다.

"…나를 본 자는 아버지를 보았거늘…"(요 14:9)이라고 말씀하신 것처럼 성부 하나님과 성자 예수님은 진정으로 하나셨습니다. 제 마음속에서 간절함이 솟구쳤습니다.

'예수님, 당신을 알기를 원합니다. 주님을 알 때 비로소 하나님을 알 수 있습니다.'

이러한 간절함이 며칠 계속되더니 후에는 열정으로 타오르기 시작했습니다. 요즘 저는 경건의 시간이 얼마나 기다려지는지 모릅니다. 충분히 휴식을 갖지 못해도 예수님께서 어떻게 하루를 인도해 주실지에 대한 기대감과 예수님을 만난다는 사실로 아침 일찍 일어나고는 합니다.

주님의 임재하심은 정말로 놀랍습니다. 어떻게 하면 지루한 경건의 시간을 이길 수 있을까요? 물론 정확한 해답과 방식은 없습니다. 그렇지만 답은 바로 예수님이십니다. 예수님을 더욱 가까이 알게 되는 것이 바로 배움에 있어 가장 신 나는 모험인 것입니다.

편안하게 주님과의 교제를 즐기십시오. 때때로 우리는 하나님을 알고자 하는 의도가 도를 지나쳐, 알아 가는 과정의 유익함과 재미를 느끼지 못할 때가 더러 있습니다.

새로운 방식을 도용하여 경건의 시간에 활력을 주십시오. 제안된 아래의 몇 가지 방법은 개인적으로 저에게 유익했던 것입니다. 그렇지만 기억해야 할 것은 활발한 QT를 위해 수시로 새로운 방법을 꼭 도용해야 한다는 것은 아니라는 것입니다. 예수님과 얼굴과 얼굴을 맞대고 교제하듯 그렇게 하는 것입니다.

: 새로운 예배 방법

- 빈 방의 커튼을 닫고, 탭댄스 예배 음악을 틀어 놓으십시오. 그런 후에 다윗 왕처럼(삼하 6:14) 온 힘을 다해 하나님 앞에서 기쁨으로 춤을 추십시오.
- 샤워실이 녹음실이라 생각하고 주님께 사랑의 고백을 담은 노래를 크게 불러 보십시오.
- 하나님의 성품과 속성에 대한 단어 A(Awesome)에서 Z(Zealous)로 목록을 만든 후 그 성품에 대해 깊이 묵상해 보십시오.
- 예수님께서 옆에 앉아 계신다고 생각하고 찬송가 '죄짐 맡은 우리 구주'를 불러 보십시오.

: 성경 공부 아이디어

- 시편 119편을 읽은 후 하나님 말씀의 유익한 점 119가지를 기록해 보십시오.
- 요한복음을 읽으면서 하나님의 약속이 기록된 곳과 순종해야 할 말씀을 기록하십시오.
- 한 주 동안 제일 좋아하는 성경 인물에 대해 깊이 공부하십시오. 성경 인물과 자신의 유사한 점들을 적어 보십시오.
- 관심 있는 주제(예; 경제, 성, 자녀 교육 등)에 관한 성경 구절을 성경 사전이나 주석을 사용하여 열거하여 보십시오.

: 말씀을 삶에 적용

- 마태복음에 기록된 비유를 읽으십시오. 읽은 비유를 현재의 상황과 사람들을 대상으로 다시 고쳐 써 하나님께서 무엇을 가르쳐 주시고자 하는지 살펴보십시오.
- 야고보서를 읽으십시오. 종이에 줄을 그어 두 칸으로 나눈 후 오른쪽에는 각 성경 구절을 적고, 왼쪽에는 어떻게 그 구절을 적용할 것인지 구체적으로 적어 보십시오.

: 잠시 기도하기

- 당신의 기도가 필요한 사람을 생각해 보십시오. 한 주간 동안 운전하다 멈춤 신호에 걸리면 잠시 그 사람을 위해 기도하십시오.
- 배우자, 친구 또는 가족과 함께 기도할 수 있는 일주일 스케줄을 만드십시오.
  예) 주일 저녁은 배우자와, 월요일 아침은 딸과, 화요일 점심은 친구와 함께 기도하기
- 한적한 곳에 홀로 가서 주님과 친밀한 대화의 시간을 가지십시오.
- 하루 동안 금식을 하십시오. 음식을 먹고 싶은 충동이 있을 때, 바로 그때 소리 내어 기도하십시오.

: 쉽게 성경 암송하기

- 매 주마다 온 가족이 함께 암송할 구절을 택하십시오. 저녁 식사 시간에 다같이 모여 성경 암송하고 하루 동안 암송한 말씀이 삶에 어떻게 적용되었는지 서로 나누십시오. 이렇게 한 주간 한 구절씩 함께 암송하면 연말에는 52구절을 온 가족이 암송하게 됩니다.
- 잘 알고 부르는 노래에 성경 구절을 가사화해서 부르면 암송하기 훨씬 쉬워집니다.

: 어머니들을 위한 큐티

- 성경책이 여러 권 있으면 같은 성경 구절을 펼쳐서 한 권은 탁자 위에, 한 권은 화장실에, 한 권은 거실에 놓아 두십시오. 바쁜 하루의 가사일 중에도 성경책이 펼쳐진 장소를 지날 때마다 조금씩 읽어 가십시오.
- 자녀와 함께 진흙으로 화분을 빚어 만드십시오. 화분을 만들면서 하나님께서도 우리를 이렇게 빚으시고 있다는 것을 설명해 주십시오.

: 상상의 날개를 펼치십시오

- 에베소서 6장을 읽은 후 하나님의 전신갑주를 입어 보십시오. 평안의 신으로 걸음을 내디십시오. 진리의 허리띠를 두르십시오. 하루를 지낼 때 누군가가 당신을 공격하려 하면 성령의 검인 하나님의 말씀으로 방어하십시오.
- 예수님을 만났던 성경 인물을 선택하십시오(예: 눈을 뜨게 된 장님, 간음하다 잡힌 여인 등). 자신이 그 인물이라 상상하면서 시각, 청각, 후각, 미각, 촉각 등의 감각을 동원하여 그곳에서 만난 예수님을 느껴 보십시오.

: 기록하기

- 예수님께 사랑의 편지를 띄어 보내십시오. 우리를 구원하기 위하여 십자가를 지신 주님께 감사와 사랑의 내용을 실어 보내십시오.
- 감사와 찬송의 시인 시편 150편을 종이에 적어 보고, 그것을 성경에 붙여 놓으십시오.
- 삶을 변화시켜 주신 주님께 감사 편지를 써서 간직하십시오.

**
QT는 하나님의 자녀로서 '하나님 경향'으로
살아가도록 도와줍니다. 말씀 묵상을 통해 하나님과 깊이 만나며
나눔을 통해 내 삶과 내면이 변화될 수 있습니다.
QT의 가장 깊은 자리로 나아가십시오.

참고도서

강준민	뿌리깊은 영성	두란노
리차드 포스터	기도	두란노
라채광	큐티가 어려우십니까?	두란노
제리 브릿지스	경건에 이르는 연습	네비게이토
짐 다우닝	묵상	네비게이토
찰리 스탠리	하나님의 음성을 듣는 법	두란노
로널드 클럭	영혼의 일기와 영적 성숙	두란노
더렉 프린스	다윗의 시편과 함께	두란노
미카엘 미톤	귀를 기울이는 지혜	두란노
편집부	내가 좋아하는 말씀	두란노
편집부	믿음과 기도로 산 사람들	두란노

QT는 하는 만큼 하나님을 바라보게 됩니다